DE L'INVENTION A L'ART PHOTOGRAPHIQUE (1839-1880)

Histoire de voir

DE L'INVENTION A L'ART PHOTOGRAPHIQUE (1839-1880)

Une histoire de la photographie
conçue et réalisée par
Robert Delpire et Michel Frizot
avec la collaboration de
Françoise Bonnefoy, Maurice Lecomte,
Elvire Perego et Françoise Sadoux

Texte de Michel Frizot

Cet ouvrage est publié par
le Centre National de la Photographie avec
le concours du ministère de la Culture
et de la Francophonie

Cet ouvrage a été coproduit par
le Centre National de la Photographie
et le Nouvel Observateur
avec le soutien du Groupe Line-Data.

Légende de la couverture :
Adrien et Félix Nadar : Charles Debureau,
photographie extraite de la série
« Têtes d'expressions de Pierrots », 1855.

ISBN : 2-86754-057-7

Imprimé en France / Printed in France.

AVANT-PROPOS

L'entreprise est modeste. Par la taille : celle d'une poche. Par le poids : moins d'un kilo en trois tomes. Et trois tomes seulement. Modeste aussi par l'intention : cette histoire n'est qu'un survol. Mais le survol de cent cinquante ans d'une extraordinaire aventure, celle de l'avant-dernier des beaux-arts.

L'entreprise est donc ambitieuse : elle prétend aider le lecteur à circuler avec aisance dans la forêt d'images qui, depuis Niépce et Talbot, n'a cessé de croître dans le désordre des techniques sans cesse améliorées et la multiplication foisonnante des médias. Les 180 photographies qui illustrent cette « Histoire de voir » - car c'est de *voir* qu'il s'agit - se veulent les balises, les jalons d'une route déjà longue, celle qui mène des balbutiements de l'invention à la maîtrise des procédés.

Nous sommes conscients de l'arbitraire d'une sélection nécessairement partielle, et donc délibérément partiale, mais ces trois petits volumes, fidèles au concept de la collection Photo Poche, doivent permettre aux passionnés de jouer - à peu de frais - avec des éléments de cette mosaïque et de reconstituer, tous fragments réunis et toutes époques accordées, le parcours d'un art qui a bouleversé notre façon de voir. En bref, cette « Histoire de voir » n'a d'autre but que d'*inciter à voir.*

Robert Delpire

Introduction
L'IMAGE LATENTE

La puissance de la photographie au XIXe siècle est dans sa nouveauté absolue, dans le dépassement progressif des rêves d'inventeurs, dans la transgression des canons séculaires des images.

La photographie est une invention de la monarchie de Juillet, qui prend son essor sous le bienveillant Second Empire ; un schéma souvent répété à l'époque du progrès mécanique et industriel. Mais à la différence de beaucoup d'autres inventions, la photographie eut des effets imprévisibles. De la machine à vapeur ou de l'éclairage au gaz, on sait à peu près, au milieu du XIXe siècle, ce que seront les usages : mécanisation, transports, sécurité, conditions de vie. C'est, au contraire, un impact mental qui caractérise très vite la photographie, reçue comme une transformation radicale de certains modes de pensée, par la médiation de l'image. « C'était un prodige qu'on ne s'expliquait pas, mais auquel il fallait bien croire [...]. Une industrie nouvelle était née » (Ernest Lacan, 1856).

Les inventeurs ne savent pas précisément ce qu'ils recherchent, techniquement parlant ; ils expérimentent dans une double direction, sur les sels d'argent et sur la chambre noire. Ils ne voient pas toujours l'intérêt immédiat de ce qu'ils ont obtenu (Niépce, Talbot) et sont généralement surpris par le résultat. L'irruption de procédés inattendus, souvent complexes, dans une société de plus en plus tendue vers la médiatisation du savoir produira des concepts étrangers au système des images du milieu du siècle : l'abstraction de la représentation monochrome, couplée à une vérité formelle sans défaut, l'automaticité de reproduction des formes, la rapidité de la mise en œuvre (par rapport à la représentation manuelle), l'extrême fidélité et la stabilité de l'image. Quant à la nouveauté d'usage de la photographie, elle pouvait se résumer en deux formules : « voir longtemps » et « voir loin », c'est-à-dire conserver et diffuser.

La photographie sera en effet une prolongation du regard individuel sur deux axes : le temps et la distance. Lorsque Arago souligne, en

1839, les espérances attachées au daguerréotype, il lui assigne surtout un rôle archéologique et scientifique : copier les hiéroglyphes d'Égypte, les monuments, les statues antiques, l'invisible du microscope et du télescope. Certainement, la photographie allait briser les limites naturelles de la vision oculaire, transformer tout individu en témoin extra-lucide. Mais ce qui pouvait passer pour un handicap – l'absence des couleurs, la netteté trop uniforme de tous les détails – était bientôt surmonté pour devenir la spécificité même de la photographie. C'est par l'irréalité du noir et blanc, par la vérité constante de la figuration que la photographie devenait vite elle-même une œuvre d'art. Et bientôt elle englobait non seulement les domaines réservés de la peinture, mais aussi ceux qui étaient restés inaccessibles : le portrait instantané, les figures en mouvement. On le verrait au début du XXe siècle : la photographie allait pousser la peinture dans ses retranchements, l'obliger à changer de terrain d'élection et de règles de conduite.

Pour l'heure, c'est par la photographie que le monde allait prendre possession de nouvelles terres de connaissance. Les toutes premières Expositions universelles de Londres (1851, au Crystal Palace) et de Paris (1855) exhibaient les atouts naissants de la photographie en même temps que les nouveautés de l'industrie et le commerce international des Empires. L'image photographique se voyait injustement refuser l'accès des pavillons des Beaux-Arts par des opposants véhéments, mais c'était la rançon d'un pouvoir aussi matériel que spirituel : montrer et multiplier. Dans la photographie coexistent un « produit industriel », un artefact et un message. Ernest Lacan, critique d'art et journaliste, reconnaissait ainsi le mérite multiplicateur de la photographie : « Au lieu d'une collection, on pouvait faire une publication », c'est-à-dire que l'image et l'objet qu'elle représente quittent alors l'espace clos du cabinet de curiosités pour l'espace public du livre, du magazine, de l'exposition... Et, bien que le cliché ne puisse encore être reproduit directement par l'imprimerie, c'est la photographie qui fournit la matière première de l'illustration populaire : géographique, scientifique, ethnique.

La notion d'image latente avait été mise en évidence par Daguerre et Talbot pour accélérer la prise de vue, en utilisant la haute sensibilité des sels d'argent à la lumière ; un autre élément chimique venait ensuite parfaire cette action en termes de lisibilité, « révélait » l'image par des contrastes de noir et de blanc. Dans les premières décennies de la photographie, qui s'impose par une extension sociale et économique sans équivalent, le monde pouvait être perçu comme un vaste complexe d'images latentes, un potentiel naturel de démonstration spontanée, en attente de révélation par la persévérance de la chambre noire.

L'INVENTION

L'invention de la photographie a été officiellement annoncée le 19 août 1839 à Paris, sous la forme primitive du daguerréotype. Mais cette révélation ne faisait que répondre au rite social de la proclamation. A cette date, en effet, rien n'est joué de ce qui deviendra la « photographie ».

Nicéphore Niépce, mort en 1833, avait commencé ses recherches en 1816 et avait expérimenté divers supports : papier, verre, pierre, métal, enduits de matières photosensibles (en particulier le bitume de Judée), exposés à la lumière dans la chambre noire. Ses résultats sont manifestes, mais il s'entête dans une méthode trop lente pour être réellement avantageuse. Il a cependant un double mérite : obtenir le premier des images stables, et orienter la photographie (il dit *héliographie*) vers les procédés d'impression par gravure d'une plaque photographique (qui restera longtemps la pierre d'achoppement de la diffusion des images).

Daguerre l'a rencontré en 1827. Peintre et directeur du Diorama, il est un adepte de la chambre noire mais n'a pour l'heure que des velléités de produire des images. Après son contrat d'association avec Niépce en 1829, un réel travail de chimie et quelques hasards heureux lui permettent de mettre au point une méthode ingénieuse mais complexe qu'il exploite sous son nom, le *daguerréotype*. Image obtenue sur plaque de cuivre argentée, le daguerréotype doit à sa précision et à son irréprochable fidélité à la nature (inconcevable pour l'époque) la gloire trop rapide dont on l'entoure. Invention transitoire, procédé précieux mais contourné, il ne cesse d'être perfectionné sans pouvoir dépasser les embarras de son usage répété.

C'est cette célébrité qui déclenche les deux autres « inventions » concomitantes. En janvier 1839, l'Anglais W. H. Fox Talbot, informé des découvertes de Daguerre, clame son antériorité pour des essais qu'il avait faits (et délaissés) en 1834, en utilisant un papier imprégné de sels d'argent qui, soumis à la lumière, garde l'empreinte des objets posés à sa surface (les *Photogenic Drawings*). Talbot prend conscience de la différence de sa démarche par rapport au daguerréotype et travaille pendant plus d'un an sur le support papier d'où naîtra finalement, à la fin de 1840, le procédé moderne de la photographie, qui fait un détour par la notion de *négatif* pour multiplier les images.

C'est également en février 1839 qu'Hippolyte Bayard entreprend des recherches photographiques, probablement après avoir entendu parler du procédé de Daguerre, concrétisant sans doute un intérêt plus ancien pour la *camera oscura*. Il aboutit en quelques mois à un procédé personnel sur papier, le *positif direct*, image sans intermédiaire mais unique. La cohésion de toutes ces recherches est avant tout dans le but poursuivi : « Reproduire spontanément par l'action de la lumière, avec des dégradations de teintes du noir au blanc, les images reçues dans la chambre obscure » (Nicéphore Niépce, 1829). Le matériel est d'emblée fixé : ce sera la chambre noire, souvent utilisée pour le dessin depuis le XVIIe siècle. Le procédé chimique, qui reste alors à découvrir, dérive de nombreuses observations éparses sur les produits photosensibles susceptibles de garder l'empreinte d'une image reçue dans la chambre.

Mais la « photographie » n'est pas une découverte, ce quelque chose qui serait caché aux yeux des humains et qu'un travail acharné et ingénieux mettrait au jour. Il n'y a pas de déterminisme pour l'une des inventions majeures du siècle. Chacun tâtonne et les résultats surviennent à l'aveuglette. Et si l'idée générique de la photographie est unifiée, les conceptions s'affrontent dans une grande diversité des modalités, de l'apparence de l'image et de ses usages. En fait, chacun des inventeurs pare au plus pressé lorsque son procédé paraît pouvoir être largement adopté. Et encore, tous les protagonistes ont-ils spontanément – mais provisoirement – renoncé à capter les couleurs.

Aucun d'eux ne triomphera en 1839 avec ses seules idées personnelles. Le daguerréotype, même perfectionné, ne peut répondre à tous les vœux de maniabilité, le procédé Talbot est encore rudimentaire aux yeux mêmes de ses défenseurs et Bayard est laissé à sa solitude par des compatriotes qui ont déjà trop applaudi à Daguerre.

L'étape de l'« invention » de la photographie permet au moins de voir quels sont les enjeux de cette ambition déjà ancienne mais jamais satisfaite : voir par procuration, différer et conserver l'instant du regard, porter sa marque personnelle sur ce qui est mis en commun, une image.

NICÉPHORE NIÉPCE (1765-1833)

Point de vue pris d'une fenêtre du Gras, Saint-Loup-de-Varennes, 1826 (?)

La première photographie du monde ou, à tout le moins, la plus ancienne actuellement connue. Et encore fallut-il attendre 1952 pour qu'elle réapparaisse, provenant d'un lot d'épreuves « héliographiques » apportées et laissées à Londres par Nicéphore Niépce en 1827, et perdues depuis. Hasard inespéré attestant matériellement de la réalité de l'invention de Niépce, à qui on n'attribuait auparavant que des reproductions de gravures. Une telle œuvre a modifié la vision que l'on peut avoir des origines d'un art où l'alternance des réussites et des échecs laisse deviner çà et là les motivations créatrices d'un esprit de recherche.

Obtenue sur plaque d'étain enduite de bitume de Judée, en 1826 ou 1827, cette pièce appartient à une longue série d'expérimentations. L'image est en réalité peu visible (le cliché habituellement diffusé est artificiellement contrasté). Mais on remarque néanmoins tous les éléments de ces « copies de points de vue » (inversés par l'optique de l'objectif) auxquels se livre Nicéphore Niépce depuis 1816 : « Je plaçai l'appareil dans la chambre où je travaille. En face de la volière, et les croisées bien ouvertes, je fis l'expérience d'après le procédé que tu connais, mon cher ami ; et je vis sur le papier blanc toute la partie de la volière qui pouvait être aperçue de la fenêtre, et une légère image des croisées qui se trouvaient moins éclairées que les objets extérieurs » (lettre à son frère, 5 mai 1816). Ainsi la photographie va-t-elle naître du regard porté vers l'extérieur d'une fenêtre. Le paysage de Saint-Loup-de-Varennes de Niépce – qui n'est pas un paysage au sens classique, mais une notation inorganisée et innocente – fonde une méthode globale de la photographie ; en se substituant à la vision spontanée, il place toute sa descendance photographique dans la lignée de la fenêtre perspectiviste et de l'attrait instinctif du naturel.

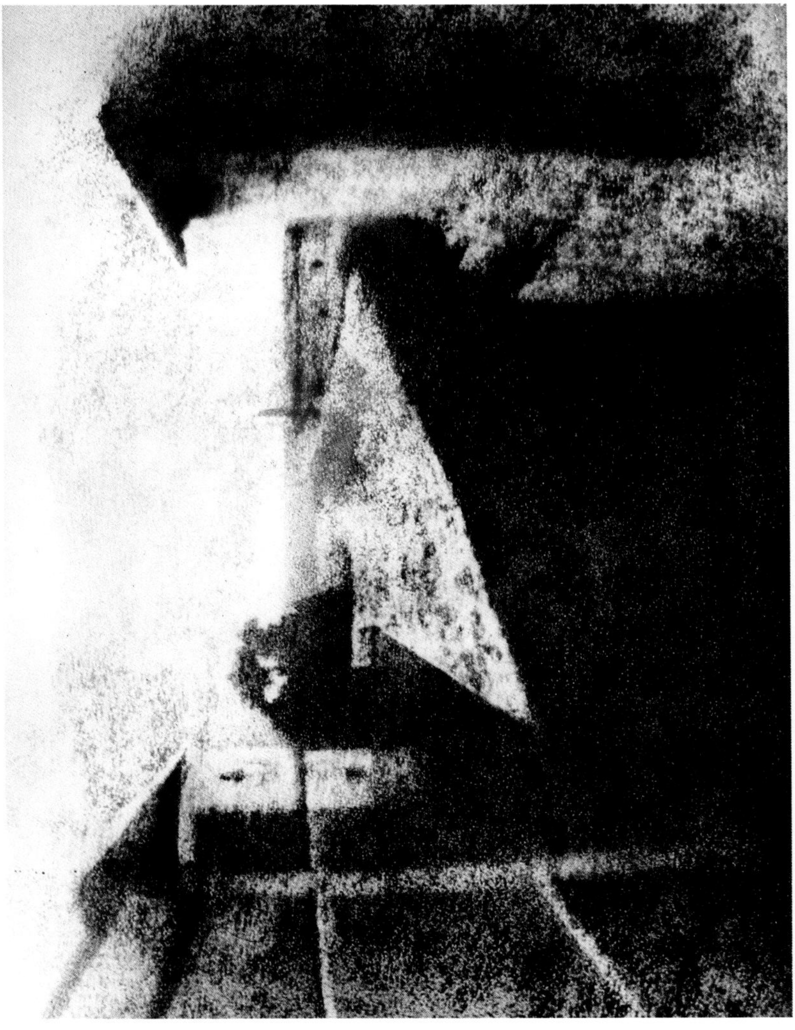

LOUIS-JACQUES-MANDÉ DAGUERRE (1787-1851)

Vue du boulevard du Temple, Paris, 1839

Le procédé mis au point par Daguerre après la mort de Niépce paraît être techniquement assuré dès 1837. Daguerre a ensuite l'intention de lancer une souscription en collaboration avec le fils de Niépce, mais prend finalement contact avec l'autorité scientifique et politique en la personne d'Arago (fin 1838); celui-ci fait une communication à l'Académie des sciences en janvier 1839. La nouvelle se répand très vite à Paris et en Angleterre où Talbot s'inquiète de son antériorité, mais la méthode ne sera en fait connue qu'après son achat par le gouvernement français, au mois d'août 1839.

Un très petit nombre de personnalités auront été admises à contempler des daguerréotypes pendant ce premier semestre 1839; parmi elles, le peintre et physicien Samuel F. B. Morse, inventeur du télégraphe électrique, eut le privilège d'une entrevue avec Daguerre, le 7 mars 1839. Le surlendemain, il écrit à sa famille et décrit l'objet qu'il a vu, un daguerréotype du boulevard du Temple (ci-contre). Il parle de la «surface métallique», de l'«apparence de gravure aquatinte» et de l'absence de couleurs. Il a été frappé par la netteté de l'image qui contient tous les détails, même les plus superflus aux yeux d'un peintre : «Nulle peinture ou gravure ne peut prétendre s'en approcher [...]; en parcourant une rue du regard, on pouvait noter la présence d'une pancarte lointaine sur laquelle l'œil arrivait à peine à distinguer l'existence de lignes ou de lettres, ces signes étant trop menus pour qu'on puisse les lire à l'œil nu. Grâce à l'aide d'une lentille puissante, dirigée sur ce détail, chaque lettre devenait clairement et parfaitement lisible, et il en était de même pour les plus minuscules brèches ou fissures sur les murs du bâtiment, et sur les pavés de la rue.» Enfin, la longueur du temps de pose, qui doit atteindre ici plusieurs minutes, exclut la visibilité des sujets en mouvement (piétons, fiacres) et ne conserve que l'image de ceux qui ont été temporairement immobilisés: «Les objets en mouvement ne laissent aucune empreinte. Le boulevard, bien que constamment parcouru par un flot de piétons et d'équipages, était parfaitement désert, exception faite d'une personne qui faisait cirer ses bottes. Ses pieds se devaient bien sûr de rester immobiles pendant un certain temps, l'un posé sur la boîte du cireur de chaussures et l'autre sur le sol. Par voie de conséquence, ses bottes et ses jambes sont bien définies, alors que ni son corps ni sa tête n'apparaissent, ayant été en mouvement.» Ce daguerréotype fut offert au roi Louis Ier de Bavière par Daguerre. La prise de vue effectuée de l'appartement qu'il occupait dans l'immeuble du Diorama montre la volonté expérimentale de visualiser l'environnement immédiat, sans recherche particulière d'esthétique, par un simple réflexe à prouver l'efficacité et l'universalité du procédé.

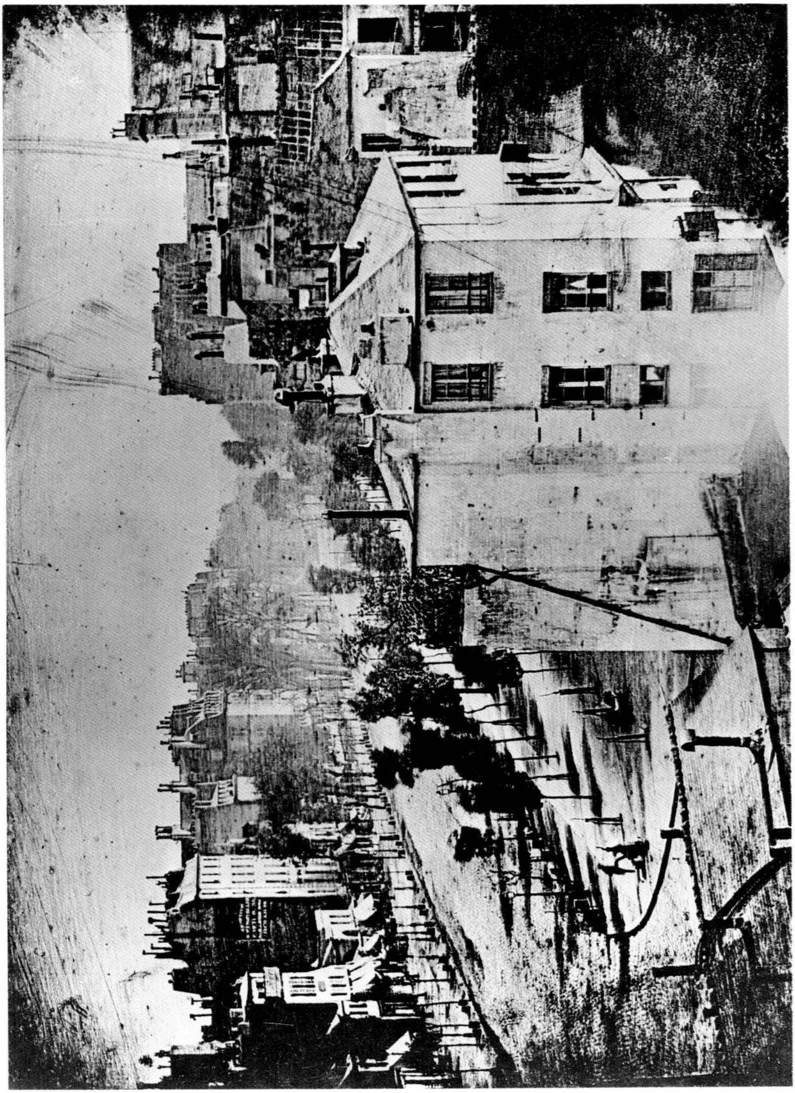

WILLIAM HENRY FOX TALBOT (1800-1877)

Photogenic Drawing, vers 1839

William Henry Fox Talbot commença ses recherches «photographiques» en 1834 mais leur caractère rudimentaire ne lui permit pas d'en voir tout l'intérêt, qu'il ne comprit qu'à l'annonce de l'invention du daguerréotype en 1839.

Ses *Photogenic Drawings* (dessins photogéniques) expérimentés en 1834 et perfectionnés en 1839 sont donc surtout des «travaux pratiques» se bornant à éprouver la sensibilité du nitrate d'argent à la lumière. Sur un papier enduit de ce produit incolore, Talbot dépose une plante, de préférence séchée et plane, et met le tout au soleil. La lumière noircit le nitrate d'argent qui laisse apparaître en réserve l'empreinte de la plante. Il s'agit donc en fait d'une silhouette en «négatif». Talbot s'émerveille de la minutie et de la fidélité du procédé qui flatte ses exigences de botaniste. Afin que l'image ne disparaisse pas à la lumière, il use d'un procédé de fixage par l'iodure de potassium (qui élimine le nitrate d'argent non impressionné) élaborant ainsi un principe fondamental de la technique photographique. Il voit dans ce procédé, qu'il applique aussi à des gravures ou des dentelles, une «magie naturelle» et s'étonne qu'une image fixée soit «formée si durablement, même si on la replace dans le rayon de soleil d'où elle tire son origine». L'attrait artistique des *Photogenic Drawings* se double d'une coloration changeante des fonds, brun-jaune, brun-rosé, jaune foncé ou pourpre ; le procédé cyanotype de Herschel leur donnera un fond bleu, utilisé par Anna Atkins pour produire les illustrations de son ouvrage *British Algae ; Cyanotype Impressions* (1843).

Ce premier procédé «photogénique» de Talbot sera indirectement remis à l'honneur par l'avant-garde picturale des années vingt, avec les rayogrammes de Man Ray et les photogrammes de Moholy-Nagy, qui y voit une abstraction produite directement par des objets réels sans appareillage optique. Mais en 1839, les *Photogenic Drawings* ne pouvaient être qu'une étape, des curiosités de cabinet d'amateur, tant qu'ils n'investiraient pas le vaste univers de la chambre noire.

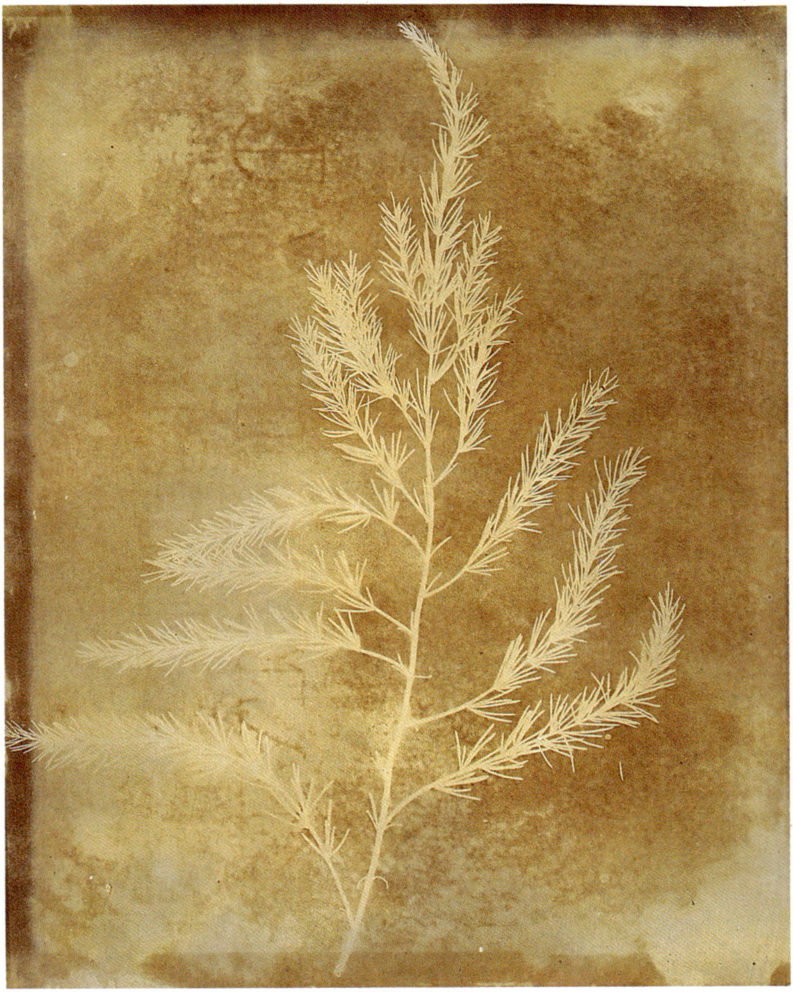

HIPPOLYTE BAYARD (1801-1887)

Autoportrait en noyé, 1840

Pendant les années 1839-1840, Hippolyte Bayard pratiqua son procédé personnel de positif direct dans la chambre noire, image unique obtenue en une seule manipulation : exposition, formation de l'image sur un papier sensible, puis fixage. On lui doit, par ce procédé – pour lequel il ne déposera pas de brevet –, plus de deux cents photographies : statuettes blanches, organisées en groupes, arrangées symétriquement sur des socles, une sorte de variation expérimentale sur la luminosité transmise par des objets d'« art » soigneusement choisis ; vues de Paris prises depuis des points élevés, particulièrement des environs de son logement des Batignolles.
Le célèbre *Autoportrait en noyé,* réalisé en octobre 1840 (en trois exemplaires légèrement différents), est la première « œuvre » intime de la photographie. Bayard s'y représente au soleil et dans une pose de plusieurs minutes en raison des contingences du procédé, à demi nu, comme si son corps venait d'être transporté à la morgue ; et malgré le caractère privé de l'image, il l'accompagne d'un commentaire manuscrit où il explique sa déception d'avoir été délaissé par le gouvernement français au profit de Daguerre.
Coup de maître ingénu et conjuration insolite, cet autoportrait montre que le photographe, à peine assuré de sa réussite technique, peut s'engager spontanément dans l'évocation de l'imaginaire et dans la narration fictive. L'obligation qui lui est faite de poser avec les yeux clos, l'apparence de cadavre qui en résulte, se retournent contre la vérité du réel, et incitent Bayard à regarder autrement cette pseudoréalité, à lui donner un sens personnel manifesté par le commentaire. Non content d'être un inventeur de la technique, Hippolyte Bayard lui a donné là une mission : dépasser le modèle obligé et conquérir une nouvelle forme d'expression.

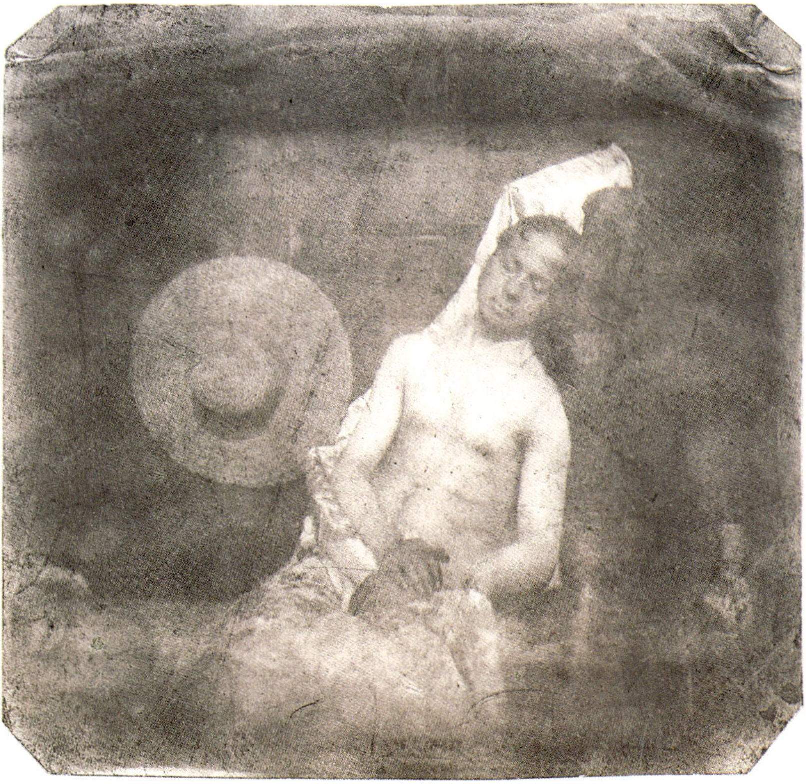

LE DAGUERRÉOTYPE

Bien que l'annonce officielle ait été précédée de nombreux commentaires dans la presse, le daguerréotype ne prend son essor qu'avec la célèbre séance du 19 août 1839; Arago en dévoile tous les détails devant l'Académie des sciences et l'Académie des beaux-arts solennellement réunies. Le procédé se propage très rapidement, au gré des données qui parviennent aux expérimentateurs potentiels, car il nécessite un appareillage spécifique (chambre noire avec objectifs, accessoires divers, produits chimiques) et un tour de main précis. La diffusion est donc soumise aux disponibilités matérielles, aussi bien qu'aux possibilités financières des candidats.

Il importe de savoir que le daguerréotype, avant d'être une image, est surtout un objet : une plaque de cuivre argentée sur une face et soigneusement polie, formant donc miroir. Le processus découvert par Daguerre est assez simple, mais de réalisation délicate : la plaque est soumise aux vapeurs d'iode dans une boîte, et ainsi rendue sensible à la lumière, exposée au foyer de la chambre noire (quelques minutes au minimum en 1839). L'image n'apparaît qu'après l'action de vapeurs de mercure produites dans une autre boîte. La surface est extrêmement fragile et doit être protégée par un verre. Bien qu'étant le premier procédé viable de « photographie » (permanence des images de la chambre noire), le daguerréotype a toujours subi les inconvénients de sa constitution : aspect miroitant, format limité, maniement et archivage malaisés, image unique non reproductible, absence de couleur.

Le daguerréotype s'est propagé grâce à un manuel rédigé par Daguerre, qui connut trente-neuf éditions en moins de deux ans. Daguerre s'assure de la mise en place du procédé aux États-Unis par des démonstrations (assorties de la vente de matériel). Il n'est guère de pays au monde – s'il y existe quelque passionné d'expériences physico-chimiques – qui n'ait connu très vite le daguerréotype. Il se développe sur deux fronts : entre les mains de voyageurs, il est un instrument de connaissance (vestiges archéologiques, découverte du monde) ; pour beaucoup d'artisans, il est un moyen de faire accéder tout un chacun à la possession de son portrait. Goupil Fesquet et Horace Vernet « daguerréotypent comme des lions » en Égypte dès 1839, le baron Gros rapporte des daguerréotypes de Colombie (1842), Girault de Prangey du bassin méditerranéen (1842) et Jules Itier de Chine (1843).

Le portrait, impossible en 1839 en raison de la longueur du temps de pose, devient accessible en 1841, et surtout après 1843 (plusieurs secondes d'immobilité absolue, maintenue par des accessoires de soutien, sont cependant nécessaires). « A partir de ce moment, la société immonde se rua, comme un seul Narcisse, pour contempler sa triviale image sur le métal » (Baudelaire, 1859). Les ateliers se multiplient dans les grandes villes (Claudet ou Beard à Londres, Stelzner ou Biow à Hambourg), produisant des portraits à l'attitude standard (souvent rejetés par les clients déçus). Derussy à Paris en aurait produit trois mille en 1849. Nombre de praticiens sont ambulants, parfois avec un fourgon aménagé (Isenring en Suisse) ou s'installent pour quelques jours dans un appartement ou une auberge, complétant leurs gains par des leçons de photographie, ou même de danse, ou en accordant des pianos...

Pendant une dizaine d'années, le daguerréotype s'impose aussi, en l'absence de concurrence, dans le domaine documentaire et scientifique : dessins d'illustration d'après des vues d'architecture, photomicroscopies, daguerréotypes de la Lune, multiplication de l'image par impression, mais sans jamais atteindre une réelle aisance de diffusion.

HUBERT (?-1839)

Daguerréotype, 1839 (?)

A ses débuts, le daguerréotype est contraint de faire la démonstration de son efficacité en ne s'attachant qu'à des sujets immobiles, présentés en pleine lumière solaire. Outre la vue de ville qui impressionne toujours le public, un autre domaine, plus artistique celui-ci, est ouvert au daguerréotypiste : la composition, dans le genre nature morte ou Vanité, à base de plâtres, statuaires, bas-reliefs, gravures et autres objets d'art harmonieusement arrangés. Daguerre lui-même pratique ce «genre» dès 1837 ; son assistant Hubert aurait produit cet exemple, qu'il appelle un «ajustement», montré par Arago à l'Académie des sciences, le 20 octobre 1839.

Dans son petit ouvrage, *Le Daguerréotype considéré au point de vue artistique, mécanique et pittoresque par un amateur,* Hubert décrit les mérites et modalités d'une telle composition qui doit se développer «sur un même plan pour avoir de la netteté», avec «le moins de profondeur possible». Par leur blancheur et leur modelé, les statuettes sont, malgré leur austérité, un des sujets favoris des premiers photographes (Daguerre, Talbot, Bayard) : «Les sujets composés entièrement de plâtres ou de draperies blanches sont plus faciles à faire, mais ils deviennent monotones, souvent sans modelés et sans effets : il vaut donc mieux, dans certains cas, introduire des objets plus ou moins teintés.» Hubert recommande d'opérer avec un soleil voilé, au besoin artificiellement atténué par des voiles légers. De telles compositions, si elles rendent parfois évidente une certaine limitation du procédé daguerréotype, le relient aussi à la production artistique et au système des beaux-arts en invoquant le sens de l'arrangement, le contrôle de la luminosité et la référence aux «cabinets de curiosités» que les tenants du réalisme condamneront pour «le goût du bibelot si déplorablement propagé par le romantisme [...], le résidu des siècles écoulés, toutes les défroques qui constituent ce qu'on appelle le cabinet d'un riche amateur» (Castagnary).

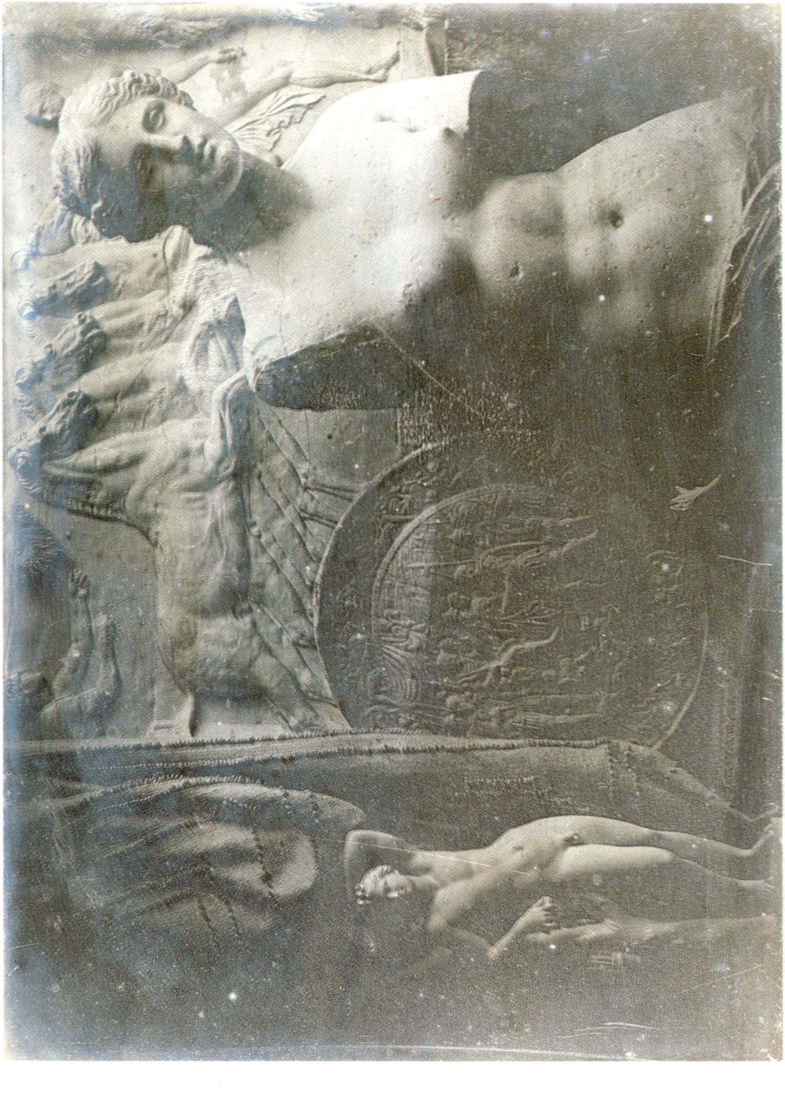

ANONYME AMÉRICAIN

Daguerréotype, vers 1850

Avec le daguerréotype, toute une classe sociale peut faire l'acquisition d'un passé, pour une somme modique. Lorsque, en outre, l'image inclut une autre photographie, la hiérarchie du temps s'en trouve redoublée. La photographie est une preuve existentielle, un indice individualisé, une relique du passé révolu. Accéder à son image, c'est-à-dire se donner une identité personnelle et sociale, a été une des grandes avancées mentales du XIXe siècle.
Le daguerréotype, qui acquit aux États-Unis une qualité technique particulière et y connut une stabilité de plus de vingt ans (alors qu'il disparaît presque en Europe dans les années 1850), se prêtait particulièrement au rituel du souvenir. Introduit à New York dès septembre 1839, il fut adopté comme un produit typiquement « moderne », avec quelques spécificités comme les écrins en matière noire moulée et décorée; quatre-vingt-six studios de daguerréotype opéraient à New York en 1853 (dont le « Frederick's Photographic Temple of Art »). La production des ateliers (jusqu'à mille plaques par jour) était méthodiquement organisée : après avoir acheté un ticket et être passé à la prise de vue, le client n'attendait guère qu'un quart d'heure la livraison de l'image.
Plus contrasté qu'en Europe, plus longtemps confiné dans le format de la miniature précieuse, le daguerréotype américain exalte particulièrement le pouvoir de remonter le temps par la photographie. Trace et empreinte authentifiées de la réalité des êtres au-delà de la mort, signe rétrospectif du « ça a été », « toute photographie est un certificat de présence », qui « a quelque chose à voir avec la résurrection ». Par le portrait photographique, « le passé est désormais aussi sûr que le présent » (Roland Barthes).

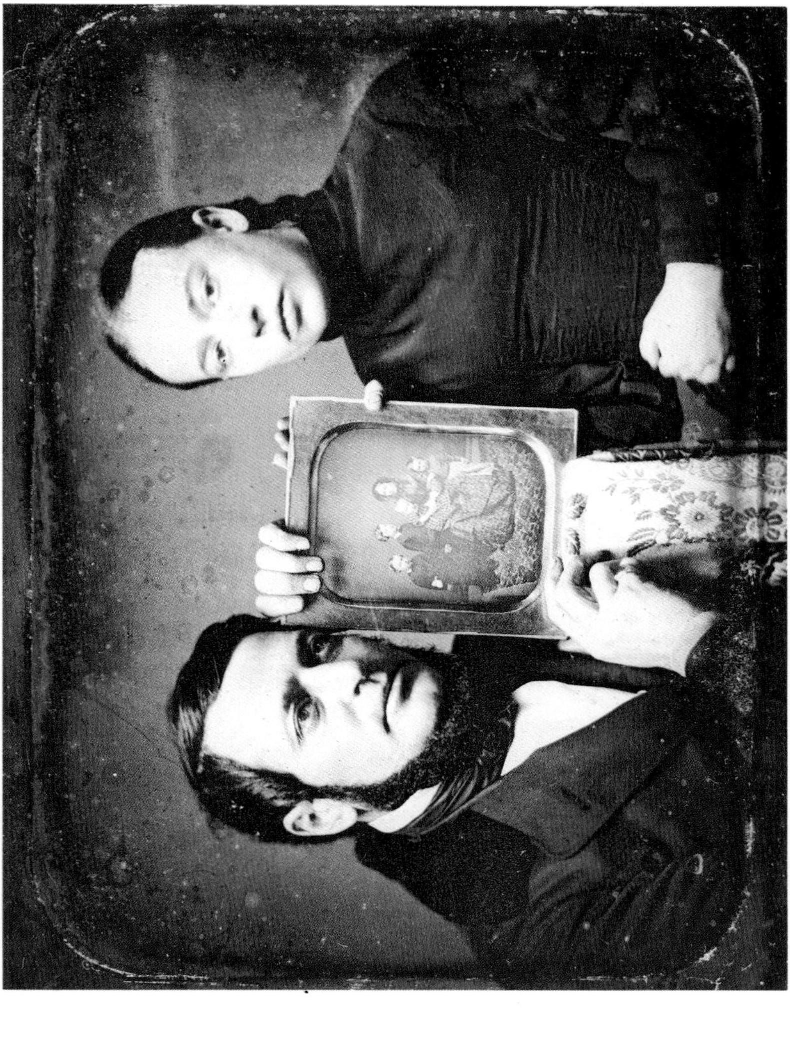

ALBERT SANDS SOUTHWORTH (1811-1894) et JOSIAH JOHNSON HAWES (1808-1901)

La Salle d'opération du Massachusetts General Hospital, 16 octobre 1848

L'établissement de daguerréotypie que Southworth et Hawes ouvrent par association, en 1843 à Boston, est l'un des plus célèbres des États-Unis ; il se distingue par la qualité du travail, par opposition à la production plus courante de la plupart des autres studios.
Les deux photographes pratiquent surtout le portrait, mais avec un soin de mise en place et une attention à la personnalité du client qui les éloignent de toute convention et les rapprochent des préoccupations artistiques d'un Nadar, par exemple. Annonçant qu'ils « n'utilisent pas d'opérateurs » mais font eux-mêmes la prise de vue, Southworth et Hawes se présentent comme artistes, à l'enseigne de leur studio « The Artists' Daguerreotype Rooms », et revendiquent « autant de qualification à un photographe qu'à un peintre ou un sculpteur ». La collaboration des deux artistes durera jusqu'en 1861.
Comme quelques autres photographes américains, ils tentent d'appliquer le daguerréotype à l'enregistrement de tous les événements de la vie sociale, et sont des pionniers du « reportage » sur le vif. La salle d'opération du Massachusetts General Hospital montre une des premières interventions chirurgicales sous anesthésie à l'éther. En fait, on voit là les préparatifs de l'événement médical, montrant les protagonistes et suggérant le mode de déroulement. A une époque où les intérieurs sont difficilement accessibles à la photographie, et l'instantané tout à fait impensable, Southworth et Hawes recherchent néanmoins à capter les éléments de vie, le passage entre deux états d'expression comme ils le font aussi pour les portraits.
Le daguerréotype est dès l'origine lié à la recherche scientifique, en tant qu'instrument complémentaire du microscope ou du télescope ; il se fait ici document social et scientifique, récit et acte d'archivage du progrès, témoin de haute qualité graphique de l'Amérique perfectionniste et conquérante.

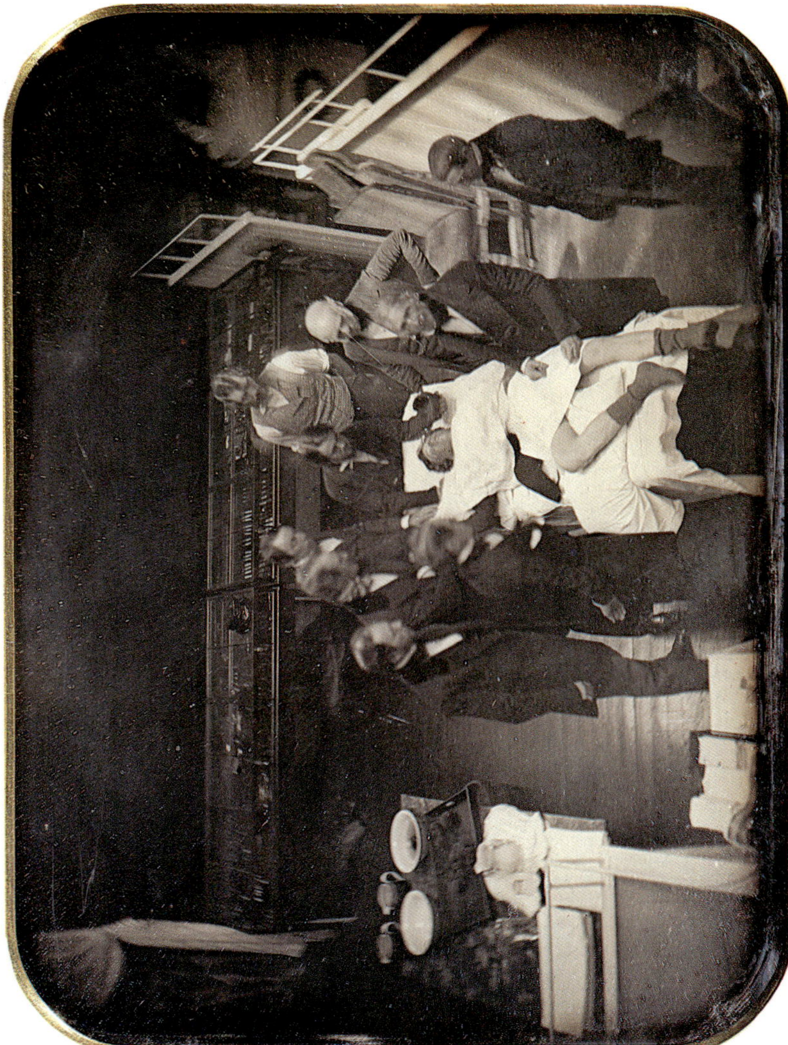

ANONYME

Daguerréotype, Odalisque, vers 1855

Si le nu est tout à fait fréquent en peinture au XIXᵉ siècle (les Odalisques et Baigneuses d'Ingres, entre autres), pourquoi paraîtrait-il scandaleux en photographie ? Sans doute au même titre que l'*Olympia* de Manet, objet d'opprobre au Salon de 1865 pour son réalisme, pour la trivialité du naturel sans apprêt (on condamnera en 1857 aussi bien *Les Fleurs du mal* de Baudelaire que *Madame Bovary* de Flaubert). C'est donc la nature de la représentation, la matérialité du corps, l'intention de l'image qui sont en cause.

L'érotisme atteint, avec la photographie, une vérité corporelle qu'il n'avait jamais acquise avec la gravure ou le dessin. La photographie n'est pas œuvre imaginaire ; elle suppose un modèle, une présence, un spectacle où le voyeur substitue très vite, par la pensée, son œil à l'objectif de la chambre noire. Tout dans le dispositif photographique invite à l'érotisme et sexualise le sujet. Entre l'étude de nu « pour artistes » et la représentation érotique circulant sous le manteau, la limite n'est souvent maintenue que par l'innocence du regard du spectateur.

Une abondante production de ces images a été diffusée sous forme de daguerréotypes anonymes ; coloriés à la main et traités en outre par le procédé stéréoscopique, ils vont souvent jusqu'à la pornographie. Le petit format, l'illusion du relief et les couleurs naturelles renforcent alors le caractère sensuel et vériste de la photographie, qui ne se départira jamais tout à fait d'une telle connotation, et pourrait revendiquer à son avantage le jugement prononcé à l'encontre des poèmes de Baudelaire : « un réalisme grossier et offensant pour la pudeur », quand on sait sur quelles préventions il reposait.

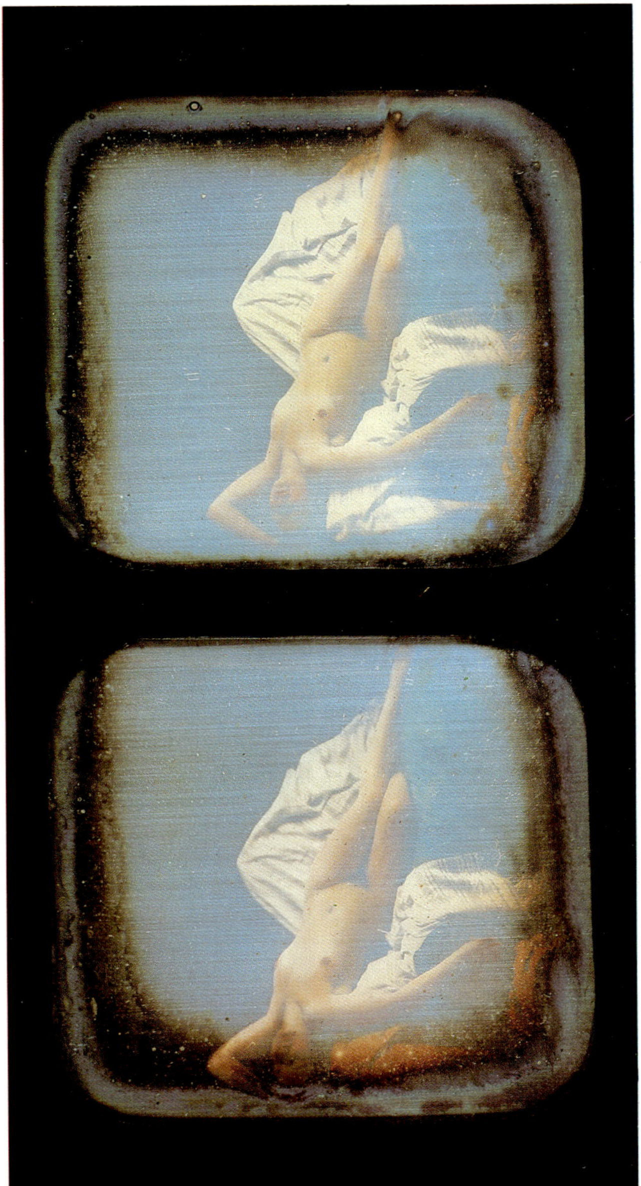

THALAMAS

Daguerréotype, 1862

L'accès presque immédiat au portrait, dans les années 1840, a profondément modifié la perception de l'image individuelle. Malgré l'impossibilité de multiplier l'image-daguerréotype, nombre de célébrités céderont au charme de la contemplation privée, une forme de possession et de rappel du souvenir moins ostentatoire que la peinture : Balzac par un opérateur ambulant en 1842, Dickens en 1843, Edgar Poe en 1848. Mais le médium dépasse totalement ce rôle de substitut, en s'adressant à une population qui n'aurait jamais eu droit à son image, et n'aurait même jamais songé à l'obtenir. Ce qui paraît aujourd'hui tout naturel, après cent ans de pratique d'amateurs narcissiques, n'allait pas de soi lorsque le portrait était codifié par sa diffusion sociale et sa technique raffinée. Le daguerréotype a créé un nouveau type de portrait, apparemment plus proche de la miniature, mais où le client se présente en toute simplicité, sans apparat particulier. Souvent, en effet, la rusticité de la prise de vue et la modicité des moyens incitent chacun à se débarrasser de l'envie de paraître. Par quelque accessoire, outil, costume, le métier est clairement indiqué ; l'appartenance à une classe populaire est facilement assumée et le simple travailleur investit ainsi un des codes de la bourgeoisie.

L'environnement familier, les occupations quotidiennes ont droit à la représentation, et ces buveurs parisiens à la sortie du chantier (un peu les ancêtres des joueurs de cartes de Cézanne) tiennent même dans la main des écriteaux (peu lisibles) portant sans doute leur nom, ou les circonstances de l'événement photographique, et la date de 1862. L'absolue vérité requise de cette image exigeait sans doute à leurs yeux le coloriage qui fut ajouté à la main, très courant sur le daguerréotype, minutieusement appliqué au pinceau pour simuler l'aquarelle – un genre considéré comme supérieur mais peu goûté par les puristes qui y voient le même ridicule qu'à « faire retoucher les ailes d'un papillon par un peintre d'enseignes » (Arago).

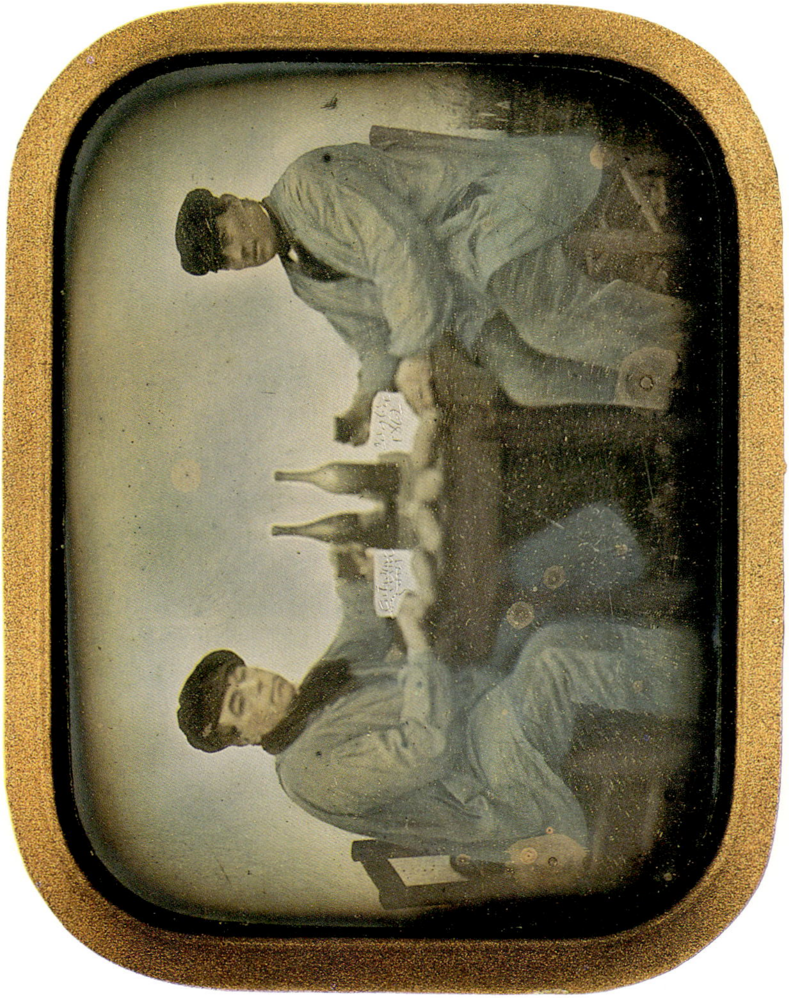

LE CALOTYPE, L'EXPANSION DE LA PHOTOGRAPHIE

Technique mise au point par Talbot en 1841, le calotype fixe la base de toute la pratique photographique depuis cette époque. Il consiste à obtenir dans la chambre noire un négatif, sur un papier préparé aux sels d'argent, avec un temps de pose de quelques minutes. Le tirage des épreuves positives a lieu par contact. La grande nouveauté du procédé calotype, par rapport au daguerréotype, se trouve dans sa reproductibilité (possibilité d'obtenir un grand nombre de tirages identiques avec un seul négatif, donc une seule prise de vue). Malgré des contraintes techniques et un certain flou dû au grain du papier, le calotype doit son succès à la facilité de manipulation de l'épreuve et à son archivage aisé. En outre, par l'apparence de dessin que lui donne son aspect grenu, accentuée par des virages chimiques dans des tons bruns ou violacés, le calotype se distancie du caractère « mécanique » reproché au daguerréotype.

C'est d'abord en Angleterre où elle est brevetée par Talbot que la technique se développe dans les années 1840. L'inventeur lui-même en fait la première application médiatique : l'illustration d'une publication (*The Pencil of Nature*) composée de photographies collées sur carton et commentées. Par ailleurs, les Écossais Octavius Hill (peintre) et Robert Adamson (photographe) s'associent pour réaliser des portraits de personnalités et étendent ensuite leurs intérêts aux groupes ou aux paysages ; leur œuvre imposante, réalisée entre 1843 et 1848, sera redécouverte à la fin du siècle. Quelques amateurs pratiquent aussi le calotype en Grande-Bretagne, mais son extension est entravée par les exigences de Talbot.

C'est en France, où l'on se soucie moins de la probité à l'égard de l'inventeur, que le calotype trouve son plus bel essor et fonde une véritable « école » (au sens pictural). Des amateurs comme Hippolyte Bayard ou le baron Humbert de Molard en font un usage très personnel où l'on perçoit déjà une grande originalité des sujets traités, selon des critères visuels qui ne doivent que peu de chose à la tradition picturale ;

Humbert de Molard est le premier à créer des scènes de genre photographiques. Mais le procédé doit surtout sa diffusion aux perfectionnements que lui font subir Blanquart-Évrard en 1847 ou Gustave Le Gray vers 1850 (papier ciré sec) : meilleure netteté, plus grande rapidité, bonne stabilité du tirage à la lumière. Un engouement apparaît alors pour le calotype dans les milieux d'amateurs d'art, qui permet la naissance d'un véritable langage visuel, novateur et indépendant, qui édicte ses propres règles en toute liberté, à partir de données purement photographiques : image formée par la lumière, contraste de clairs et d'ombres, monochromie, aspect crayonné. Le calotype est alors l'instrument du voyageur en quête d'exotisme (Du Camp en Égypte avec son ami Flaubert), ou l'auxiliaire de l'archéologue (Salzmann en Terre sainte) ; il est un document d'archivage et de connaissance pour la Mission Héliographique qui organise une sorte d'inventaire photographique des monuments français par cinq photographes en 1851. Malgré son réalisme et sa vérité de témoignage, l'art du calotype se prête cependant à l'interprétation personnelle (Greene, Le Secq). L'événement le plus important de l'époque est la création en 1851 de l'imprimerie photographique de Loos-lès-Lille par Blanquart-Évrard, qui produit en série des tirages photographiques diffusés à grande échelle (monuments, scènes de campagne, paysages, reproductions de tableaux). L'atelier demande pour cela à de nombreux amateurs de fournir leurs négatifs ; c'est ainsi le plus souvent qu'une partie de la production des Louis Robert, Charles Marville, Victor Regnault... nous est aujourd'hui parvenue. Ces amateurs se sont d'ailleurs regroupés au sein d'une Société Héliographique en 1851 (elle deviendra la Société Française de Photographie en 1854) qui facilite beaucoup l'expansion du calotype par les échanges, les réunions et la publication d'une revue. Les calotypistes, très actifs jusqu'en 1855 (date de la première grande exposition de photographies), ont créé une esthétique photographique, fondée sur la vérité du document produit automatiquement dans la chambre noire, le volontarisme du cadrage, le libre choix du point de vue. Mais la plupart appartiennent à une classe assez cosmopolite où se côtoient aristocrates, artistes et savants (Delacroix, ou les Hugo à Guernesey). Ni par ses praticiens, ni par ses sujets de prédilection, le catolyte ne parvient à s'imposer au-delà des cercles d'érudits et d'artistes; il paraît aujourd'hui une embellie intellectuelle et artistique dans un monde qui aspire à la diffusion documentaire.

WILLIAM HENRY FOX TALBOT (1800-1877)

The Haystack (La Meule de foin), extrait de « The Pencil of Nature », 1845

Lorsqu'il eut l'impression que son procédé de « calotypie » (négatif papier) était arrivé à maturité, en 1844, Talbot eut l'idée d'éditer un certain nombre d'images ainsi produites, pour montrer l'efficacité du procédé, les divers domaines ouverts à la connaissance par la photographie, et constituer aussi un album-souvenir démonstratif des premières étapes d'un art qu'il soupçonnait promis à un long avenir. *The Pencil of Nature* a été publié de 1844 à 1846 en six livraisons de trois à sept planches, l'ensemble comportant vingt-quatre images accompagnées chacune d'un texte explicatif. Cette « édition » (évaluée de 150 à 300 exemplaires) est formée de tirages originaux sur papier salé, produits par le Talbotype Establishment installé spécialement à Reading. Il s'agit de la première édition de photographies originales ; la photographie était encore fort peu connue et Talbot dut préciser qu'il ne s'agissait en aucune manière de gravures (en 1840 étaient parues les *Excursions daguerriennes,* gravures à l'aquatinte dessinées d'après des daguerréotypes). Les contemporains s'émerveillent de la justesse de la perspective, du naturel des ombres et de la délicatesse des détails. Pour montrer la variété des sujets et des effets photographiques, Talbot mêle vues architecturales, dessins photogéniques, arrangements d'objets (livres, porcelaines, verreries), fac-similés d'œuvres d'art, une composition picturale (*The Open Door*) et une vue animée à trois personnages (difficile, car la pose se compte encore en dizaines de secondes).

La planche X, *The Haystack* (La Meule de foin) veut faire la preuve que la photographie peut reproduire « une multitude d'infimes détails qui ajoutent à la vérité et au réalisme de la représentation, et qu'un artiste ne pourrait prendre la peine de copier fidèlement d'après nature ». Ce faisant, Talbot réalise une des premières photographies « construites » par le cadrage, la géométrie des volumes, la composition des lignes d'ombre et de lumière (l'échelle) et la « variété » du détail.

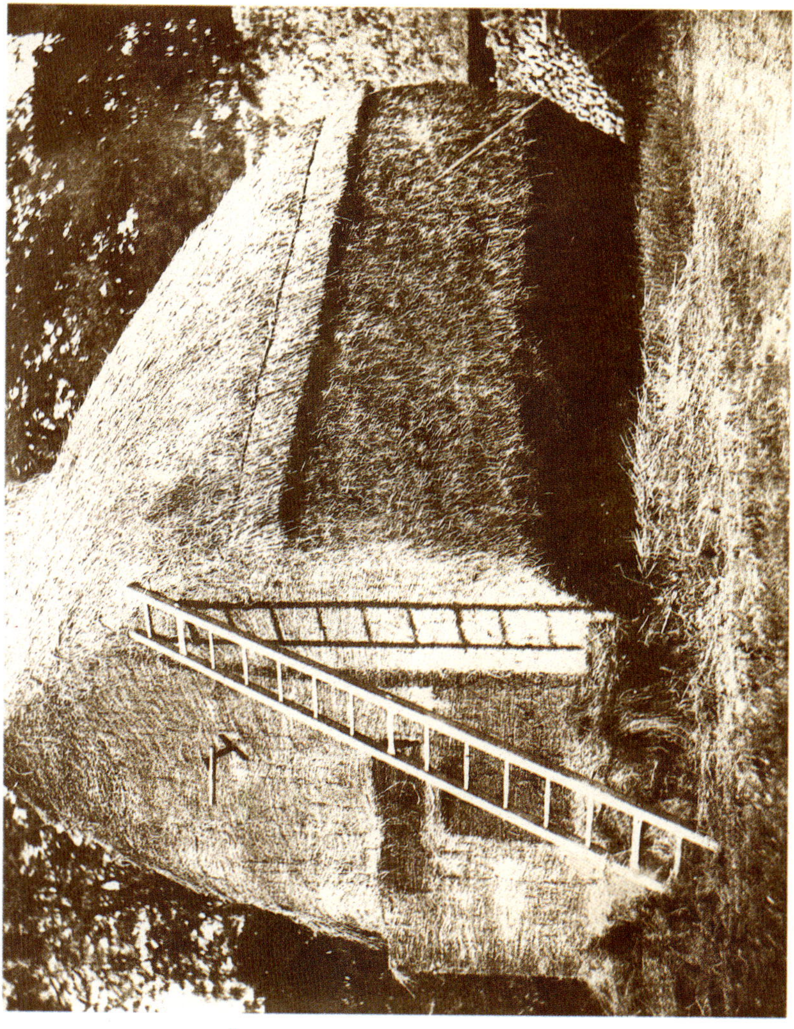

DAVID OCTAVIUS HILL (1802-1870) et ROBERT ADAMSON (1821-1848)

Redding the Line (Portrait of James Linton), juin 1845

David Octavius Hill, peintre et lithographe d'Édimbourg, s'associa en 1843 avec le jeune Robert Adamson, photographe qui expérimentait alors la technique du calotype de Talbot. Leur collaboration pendant quatre ans, à laquelle la mort prématurée d'Adamson mettra fin, est exemplaire par la combinaison de leurs intérêts personnels ; elle est certainement la première grande aventure créatrice de la photographie. Née de la nécessité soudaine de réaliser rapidement les portraits de plusieurs centaines de pasteurs de l'Église d'Écosse, réunis en 1843 à Édimbourg, leur entreprise se poursuivit jusqu'à atteindre plus de deux mille cinq cents clichés négatifs, principalement des portraits de personnalités à la pose très étudiée, mais aussi des portraits de groupes, scènes de rues, marchands, ouvriers, pêcheurs, vues d'architecture et études d'arbres... Dans ce portrait de plein air, Hill et Adamson ne cachent pas l'obligation technique faite au modèle de poser pendant plusieurs secondes au soleil. Ils jouent au contraire des oppositions de lumière pour construire la pose, lui donner une aisance naturelle, doser la répartition des blancs et des noirs, s'amuser de la baguette que l'homme tient dans la main et du geste fruste qui laisse loin derrière lui le portrait académique de la peinture. David Octavius Hill et Robert Adamson transcendent l'identité du personnage pour donner l'image d'une complicité rustique, hors des modes, un portrait démultiplié de l'Écosse, sous forme de centaines de visages et d'attitudes.

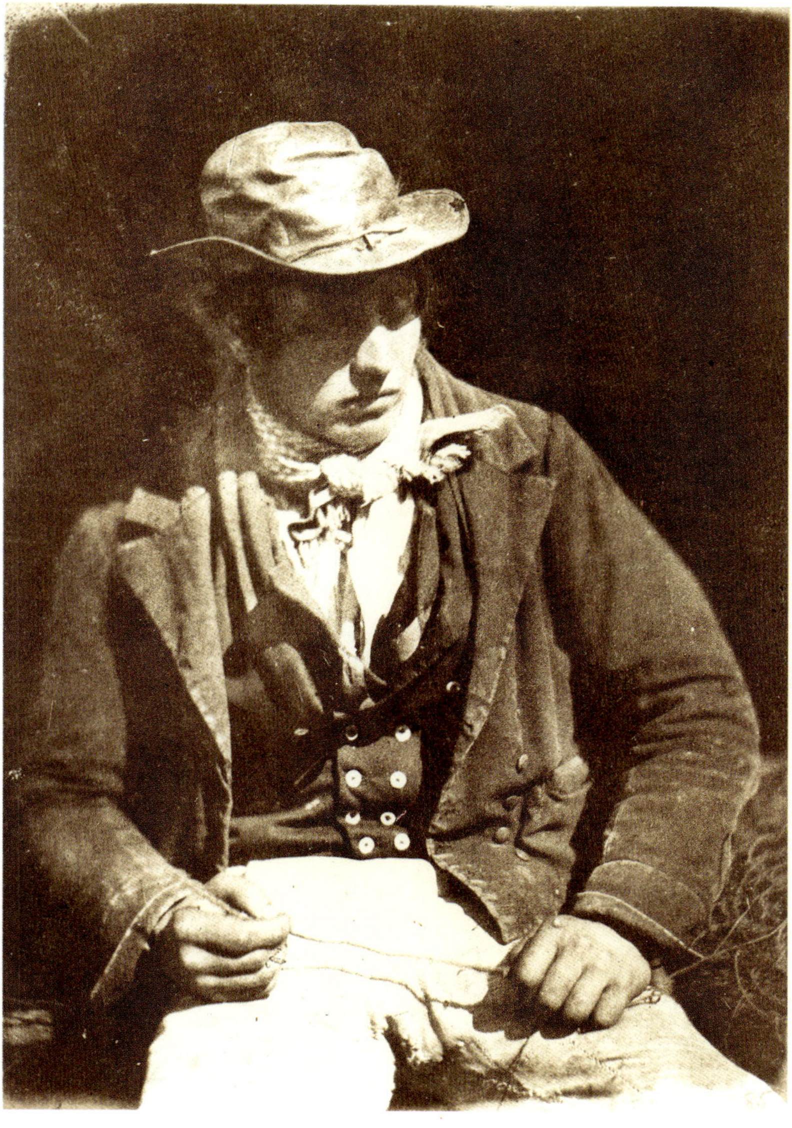

HIPPOLYTE BAYARD (1801-1887)

Jardin, vers 1842

Après l'échec de son procédé «positif direct», mis au point en 1839-1840, Bayard se consacre principalement, à partir de 1842, au procédé calotype de Talbot dont il est certainement le meilleur praticien en France, dans les premières années de la photographie. S'il ne semble pas avoir voulu s'attacher à une technique particulière, cherchant au contraire à expérimenter les méthodes nouvelles dont la photographie a toujours été prodigue, il est, en revanche, l'un des premiers «créateurs» d'images photographiques. Plus encore peut-être que Talbot, Bayard s'interroge visiblement sur la nature du «sujet» photographique, selon les impératifs d'une technique primitive: éclairage solaire direct, immobilité totale, granulation due au support-papier du négatif.

De quoi peut être faite une image, d'un point de vue strictement photographique, quand la simple idée de dépeindre avec une même acuité tous les éléments de la nature était inconnue auparavant ? Ce coin de jardin est à voir comme une sorte d'étude picturale qui ne mettrait en jeu que les ressources de la chambre noire: cadrage serré des premiers plans qui créent des relations d'objet à objet, contrastes de matières, spontanéité de la composition sans référence à la peinture, accentuation des volumes par l'éclairage zénithal, évidence saisissante des formes.

Dans cette étude de «pittoresque» rural, le chapeau de paille, transformé en objet insolite par le jeu des ombres, se voit confier un rôle personnalisé, à la limite de l'autoportrait (il existe une autre version de cette même vue, où Hippolyte Bayard lui-même, assis sur une chaise, s'est comme substitué au chapeau). C'est un langage moderne induit par la photographie, austère et déconcertant de simplicité, qui s'improvise dans le patient face à face avec la nature, confronté à l'obsédante totalité du réel; c'est une vision méthodique du monde, fascinée par la vérité candide de la représentation.

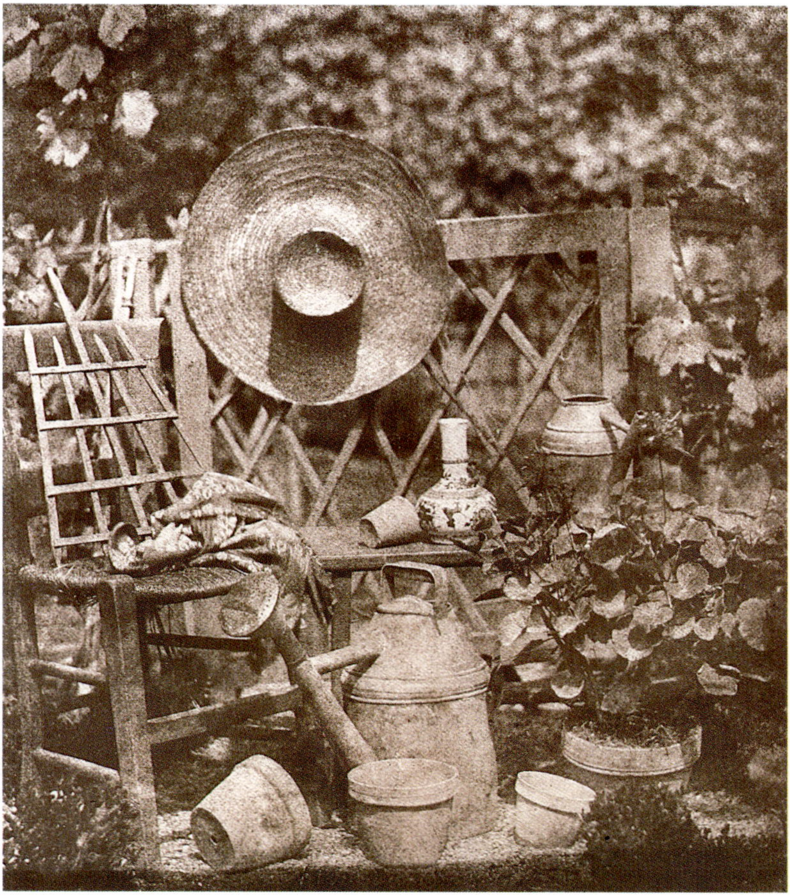

BENJAMIN BRECKNELL TURNER (1815-1894)

Crystal Palace, Hyde Park (négatif), vers 1852

Le Crystal Palace, construit par Josef Paxton pour l'Exposition universelle de 1851, la toute première manifestation publique de la puissance industrielle, est l'emblème de la modernité au milieu du siècle. Vaste nef semblable à une cathédrale gothique, serre de jardin aux dimensions décuplées, entièrement en fer et verre, cette halle aux machines et aux produits manufacturés n'est pas seulement une architecture révolutionnaire ; à la fonction sociale et technologique, elle associe la prééminence de la lumière et le respect de la nature, déployant « une luminosité générale et un éclat féerique dont on n'avait jamais rêvé auparavant », selon un contemporain. La paroi n'est plus un obstacle, et l'arbre qui subsiste ici à l'intérieur de l'édifice en témoigne.

La pratique photographique se prête particulièrement aux analogies avec l'architecture métallique : née à la même époque, elle est aussi l'une de ces techniques avancées qui vont modifier la perception du monde classique ; et surtout, elle est l'œuvre de la lumière. Le négatif, invention majeure du processus photographique, joue du même antagonisme que l'architecture nouvelle, du même renversement des valeurs lorsque l'ombre s'inverse en clarté, à l'égal de la paroi opaque qui se fait transparence.

Le photographe des années 1850, comme B.B. Turner - calotypiste paysagiste, connu pour ses amples vues rustiques d'arbres et de bocages -, est dans l'obligation de voir mentalement son sujet en négatif car c'est la matière première sur laquelle il travaille, c'est l'œuvre originale non encore transformée par le tirage.

Cette vue du Crystal Palace magnifie la perspective du vaisseau, rend compte de l'envergure de l'espace couvert, célèbre l'emprise de la nature (l'arbre), tandis que la lecture « en négatif » accentue pour nous - comme pour le photographe - la vision hallucinatoire qui rappelle certains dessins de Victor Hugo.

On ne pourrait mieux rendre justice, par une image symbolique, à l'alliance de l'architecture et de la photographie sous les auspices de la lumière.

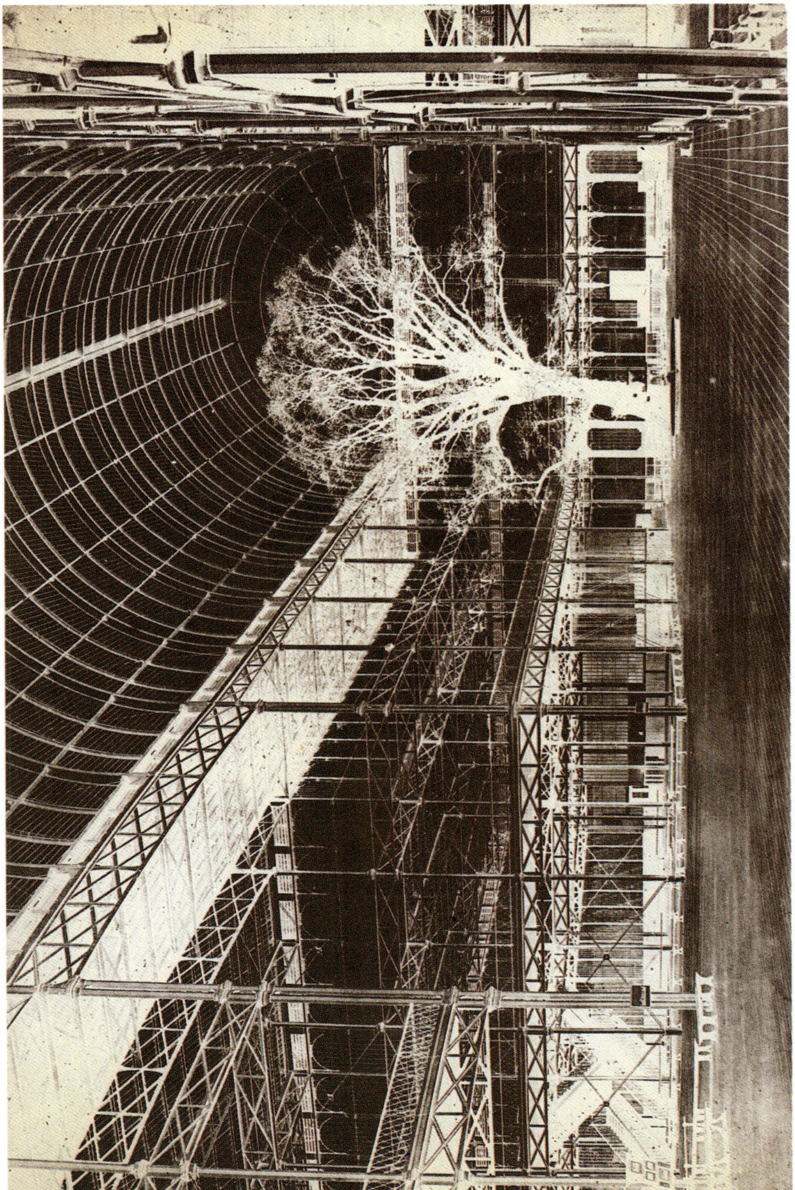

VICTOR REGNAULT (1810-1878)

Portrait d'un savant, vers 1851

Une telle image nous apprend ce que peut être le «portrait» photographique quand il est abordé en toute liberté et sans références excessives. Chimiste et physicien formé à l'École Polytechnique, Victor Regnault est l'une des hautes figures de la science du XIXe siècle en même temps qu'un des principaux pionniers de la photographie dans ce milieu d'érudits favorables au nouveau médium. Élu à 30 ans à l'Académie des sciences, professeur au Collège de France, il fut directeur de la Manufacture de Sèvres de 1852 à 1871, poste envié où il apparaît en fait réticent à accomplir l'évolution artistique qui s'imposait. Il apprend la photographie (calotype) avec Blanquart-Évrard, participe à la fondation de la Société Héliographique (1851) puis de la Société Française de Photographie (1854) dont il est longtemps le président (1855-1868). C'est dans ce domaine qu'il apparaît le plus libre et actif, créant un petit groupe de photographes très motivés à Sèvres (Louis Robert, Diéterle...) qui se situe aux avant-postes de cet art naissant, profondément ancré dans la pratique de la chimie et dans l'éclosion des «arts appliqués».

Ses nombreux paysages, vues architecturales, et compositions montrent un accès très direct et sans artifice à la nature. C'est cette absence de tout apprêt qui caractérise aussi ses portraits de famille, comme les images allégoriques de ses collègues scientifiques: ici une expérience de résonance sonore, tout à la fois portrait, scène de genre, illustration scientifique, mêlés avec une rigueur insolite dans la stricte conformation aux moyens photographiques les plus dépouillés.

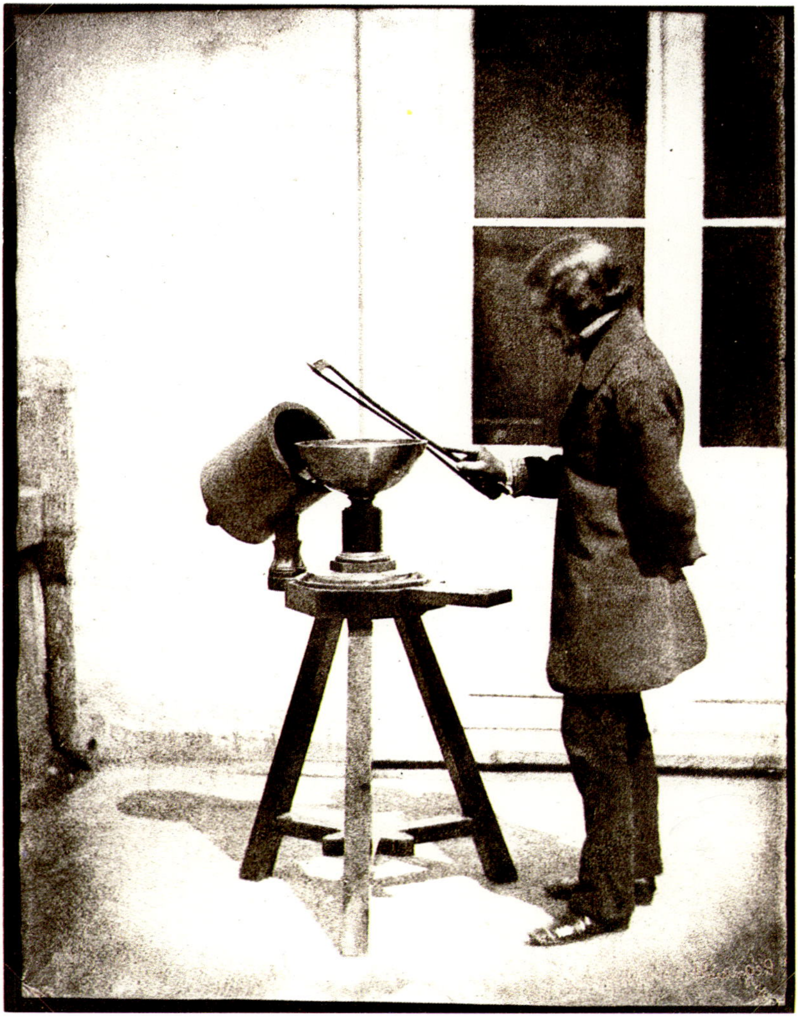

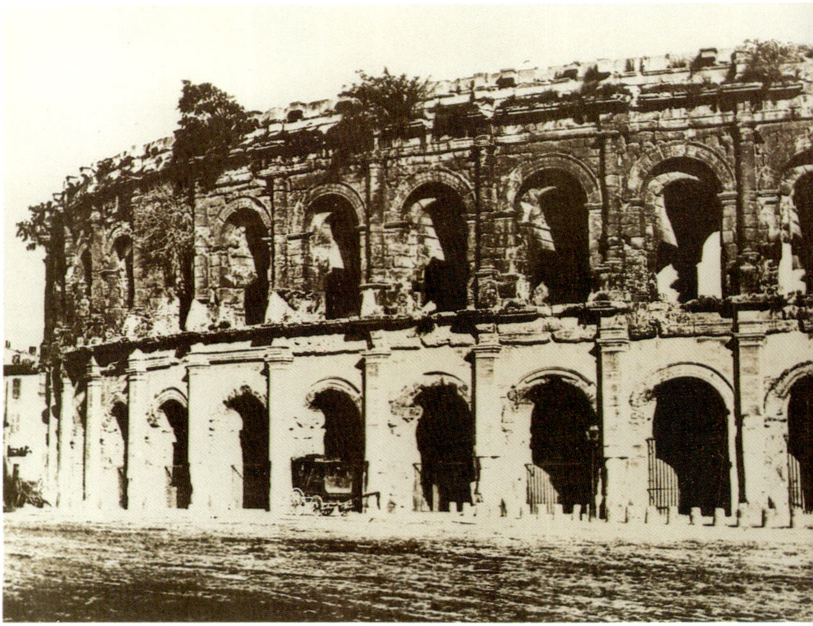

ÉDOUARD-DENIS BALDUS (1813-v. 1890)

Amphithéâtre, vue de l'enceinte extérieure, Nîmes, 1851

En janvier 1851, la commission des Monuments historiques créait la Mission Héliographique (l'héliographie, mot forgé à l'origine par Nicéphore Niépce, désigne alors la photographie). Cette décision allait marquer une avancée nouvelle de la photographie comme moyen de connaissance; elle s'inscrivait en fait dans la perspective ouverte par Arago en 1839, que le daguerréotype, pièce unique d'un maniement trop délicat, n'avait pu réaliser. Le négatif-papier apparaît alors comme la meilleure solution, puisqu'il permet de reproduire les documents en grand nombre et de diffuser largement les images les plus exactes des monuments, anciens et prestigieux, mémoires d'un état provisoire avant restaurations. La Mission fut répartie entre cinq photographes de renom (Bayard, Le Secq, Le Gray, Mes-

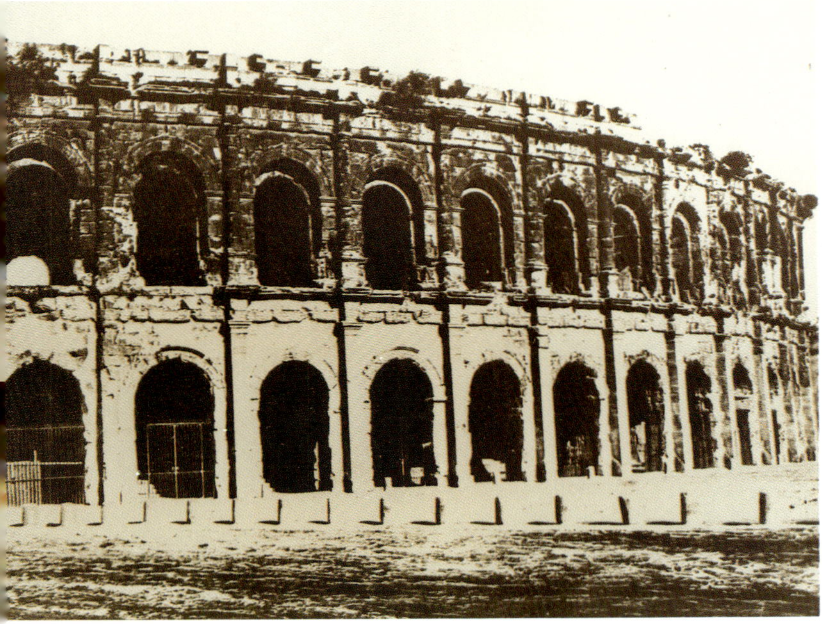

tral, Baldus) qui se partagèrent les régions (Normandie, Champagne, Bourgogne, Alsace-Lorraine, Touraine, Charente, Centre, Midi) et reçurent des directives précises quant aux monuments à visiter. Elle fut en partie un échec car l'administration ne se résolut pas à exploiter le matériel iconographique recueilli. Baldus parcourut la Bourgogne, la vallée du Rhône et la Provence. Sur les trois cents négatifs-papier qui constituent le fonds connu de la Mission Héliographique, une centaine sont l'œuvre de Baldus, lequel est sans doute le meilleur photographe d'architecture dans les années 1850. Les vues de Paris qu'il réalise ensuite prennent appui sur cette expérience. L'usage audacieux du «panorama» constitué par deux prises de vue donnant deux négatifs accolés, pour les arènes de Nîmes, est caractéristique de ce large rendu de l'espace que Baldus affectionne, en privilégiant le grand format. Le procédé est particulièrement adapté au propos archéologique et documentaire de la Mission Héliographique: rendre compte de l'état d'un monument, en suggérer l'ampleur et les caractéristiques spatiales par une optique naturelle opposée à l'épure architecturale, combiner dans un esprit romantique le pittoresque de la ruine et la vérité archéologique.

MAXIME DU CAMP (1822-1894)

Colosse du temple de Ramsès II à Abou-Simbel, 29 mars 1850

Écrivain romantique et voyageur impénitent, Maxime Du Camp avait publié, en 1848, *Souvenirs et Voyages d'Orient.* En 1849, il embarque à nouveau pour l'Égypte, accompagné alors de son ami Gustave Flaubert, en quête de sensations nouvelles qu'il exploitera plus tard dans ses romans. Mais cette fois, après avoir pris des leçons de calotypie avec Le Gray, Du Camp est nanti d'une mission du ministère de l'Instruction publique pour photographier les monuments et inscriptions hiéroglyphiques. Des deux cents négatifs qu'il rapporte, cent vingt-cinq sont tirés sur papier par l'atelier Blanquart-Évrard et constituent la première grande édition de photographies : *Égypte, Nubie, Palestine et Syrie, dessins photographiques recueillis pendant les années 1849, 1850 et 1851, accompagnés d'un texte explicatif et précédés d'une introduction* (Gide et Baudry, 1852). « Je prends des épreuves photographiques de toute ruine, de tout monument, de tout paysage que je trouve intéressants », écrivait Du Camp. S'éloignant rarement des indications précises reçues de l'Académie des inscriptions, il se sert de la photographie comme d'un carnet de « dessins », privilégiant l'intégrité du monument et son insertion dans l'espace plus que l'effet artistique lumineux ou l'attrait du détail. « Photographe par circonstance » (Francis Wey) – il ne pratiquera plus la photographie après cette expérience –, Maxime Du Camp transcrit la vision objective du visiteur érudit confronté à la présence de l'histoire, fasciné à la fois par les résultats du procédé photographique et par le sujet de la prise de vue. Il donne de l'Égypte la sensation d'un contraste entre la puissance souveraine de sites encore enfouis dans les sables et l'humilité de l'homme moderne, symbolisée par un personnage familièrement présent sur ses clichés pour donner la mesure du monde.

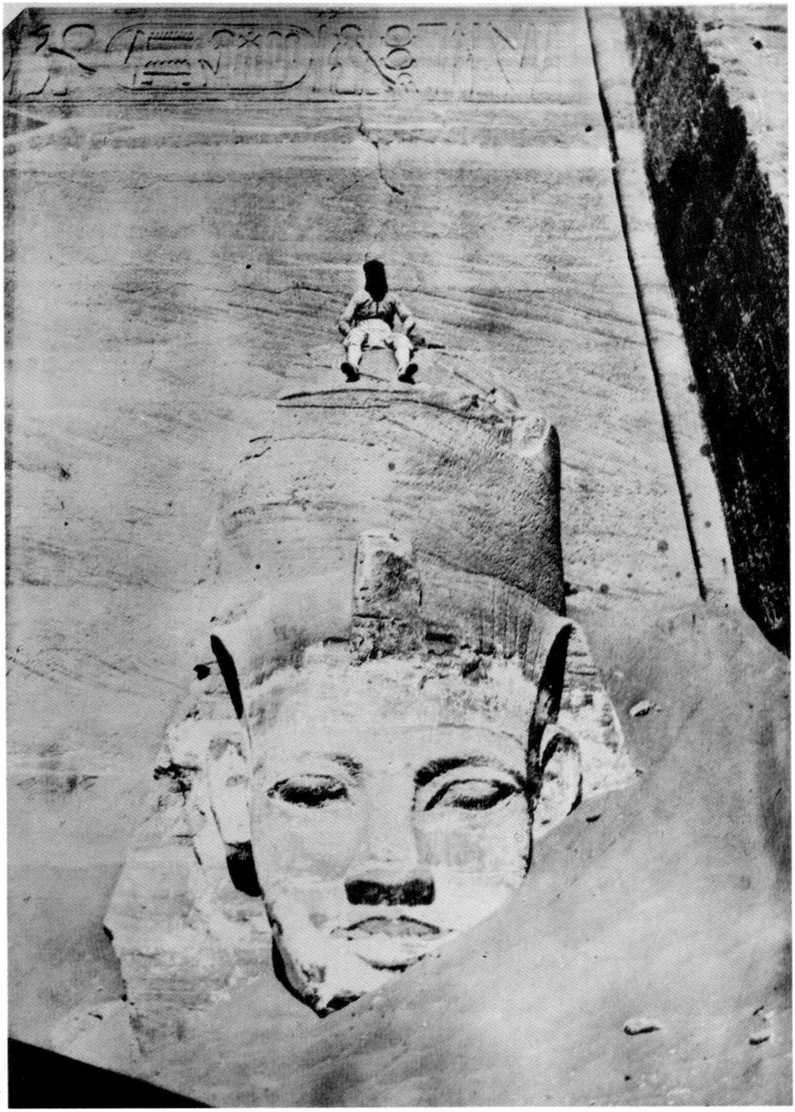

JOHN B. GREENE (1832?-1856)

Colosse de Ramsès II, Louxor, Égypte, 1854

Jeune Américain, fils d'un banquier installé à Paris, John B. Greene fut l'un des premiers explorateurs photographiques de l'Égypte. Passionné d'archéologie, il était déjà à 21 ans en Haute-Égypte et Nubie (1853) et publiait l'année suivante chez Blanquart-Évrard près de cent photographies sous le titre *Le Nil, monuments, paysages, explorations photographiques.* Après avoir dirigé des fouilles à Deir El Bahari, en 1854, et avoir exploré l'Algérie antique en 1855, Greene, déjà malade, mourait en Égypte en 1856, à l'âge de 24 ans. Bien que ses photographies aient été peu diffusées, l'œuvre de Greene, uniquement composée de calotypes, est maintenant préservée dans sa quasi-totalité (négatifs au musée du Louvre, et tirages déposés par ses soins à l'Institut de France, l'un de ses commanditaires). Greene n'est en aucune manière un touriste-photographe. Il apparaît, au contraire, avec une belle détermination comme un archéologue spécialisé, mais capable de laisser libre cours à l'improvisation typiquement photographique de l'image. S'il semble avoir nettement fixé sa thématique en relation avec ses moyens techniques (paysages, monuments, inscriptions), c'est néanmoins pour préserver une ambiguïté du message, qui combine habilement l'information topographique ou architecturale et la vision artistique. Greene joue constamment d'un vigoureux contraste ombre/lumière pour construire une image puissante, souvent à l'opposé de l'aimable illustration de ses contemporains. Toute photographie est une apparition, et Greene, qui a personnellement éprouvé la lente résurrection archéologique des monuments égyptiens, les évoque comme une manifestation du néant. Le cadrage, qui privilégie le document historique, préserve la lisibilité des formes, mais au-delà de ce dévoilement, c'est le royaume des ombres, au sens magique du terme, qui émerge de la lumière omniprésente.

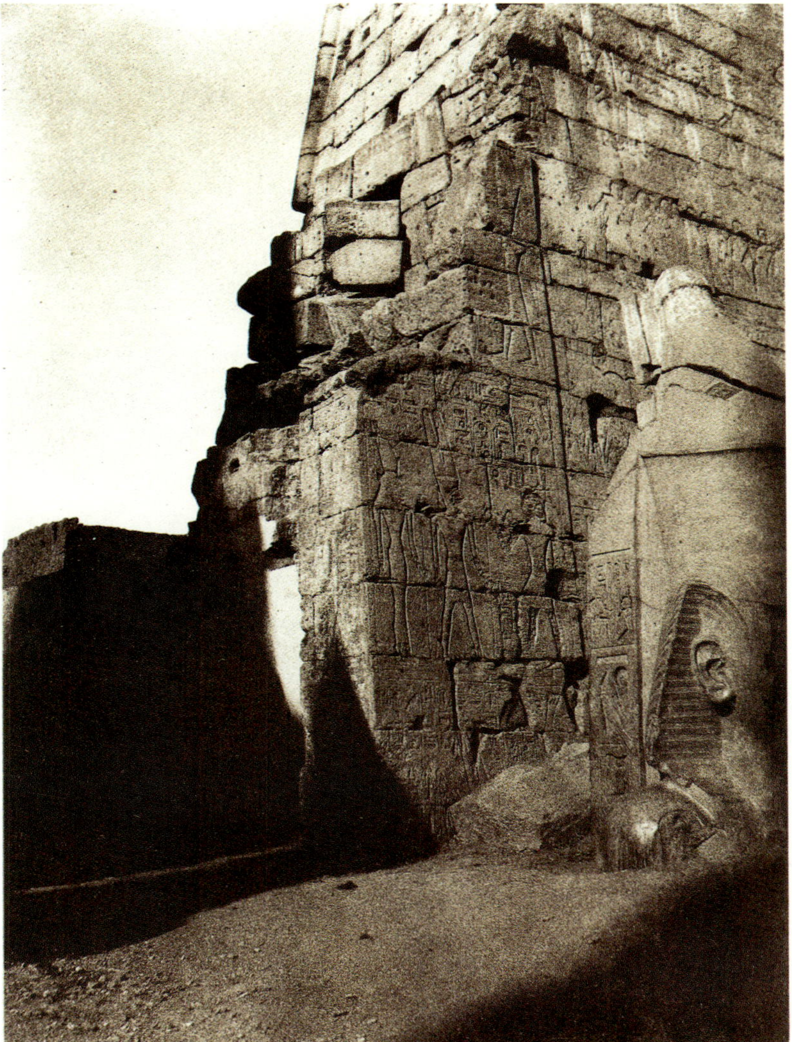

AUGUSTE SALZMANN (1824-1872)

Jérusalem, escalier antique taillé dans le roc, 1854

L'œuvre photographique de Salzmann, un volume de cent soixante-quatorze planches, *Jérusalem, époques judaïque, romaine, chrétienne, arabe, explorations photographiques* (1856), dont les épreuves ont été tirées par l'atelier Blanquart-Évrard, est le plus strictement archéologique de la première époque de la photographie documentaire. Ayant initialement une formation de peintre et d'archéologue, Salzmann part photographier les monuments de Jérusalem pour apporter des réponses aux controverses liées à la publication du *Voyage autour de la mer Morte* de L. F. J. de Saulcy, en butte aux doutes des érudits quant à la rigueur de ses relevés. Ce travail photographique se donne pour but de traduire, par un moyen mécanique non interprétatif n'ayant « d'autre parti pris que de reproduire ce qui est », la véracité d'un « fait » archéologique: état des lieux et des monuments, rendu des matières, contexte topographique. « Les photographies ne sont plus des récits, mais bien des faits doués d'une brutalité concluante », écrit Salzmann. Il s'attache au détail négligé par le voyageur classique, à ces particularités techniques de l'architecture ou aux ornements qui permettent un jugement chronologique; ici, un escalier antique taillé dans le roc, considéré alors comme un vestige de très haute époque. Investigation scientifique de la Ville Sainte, des murailles aux canalisations, des sarcophages aux fontaines, l'ensemble unitaire de Salzmann se présente comme un manuel d'histoire aux illustrations objectives. Les contraintes de la prise de vue, du placement de l'appareil pour atteindre la visée de tel vestige apportent un certain mystère à tous ces motifs isolés, extraits de l'espace comme de l'histoire et présentés avec l'aura parfois inattendue d'un objet d'art.

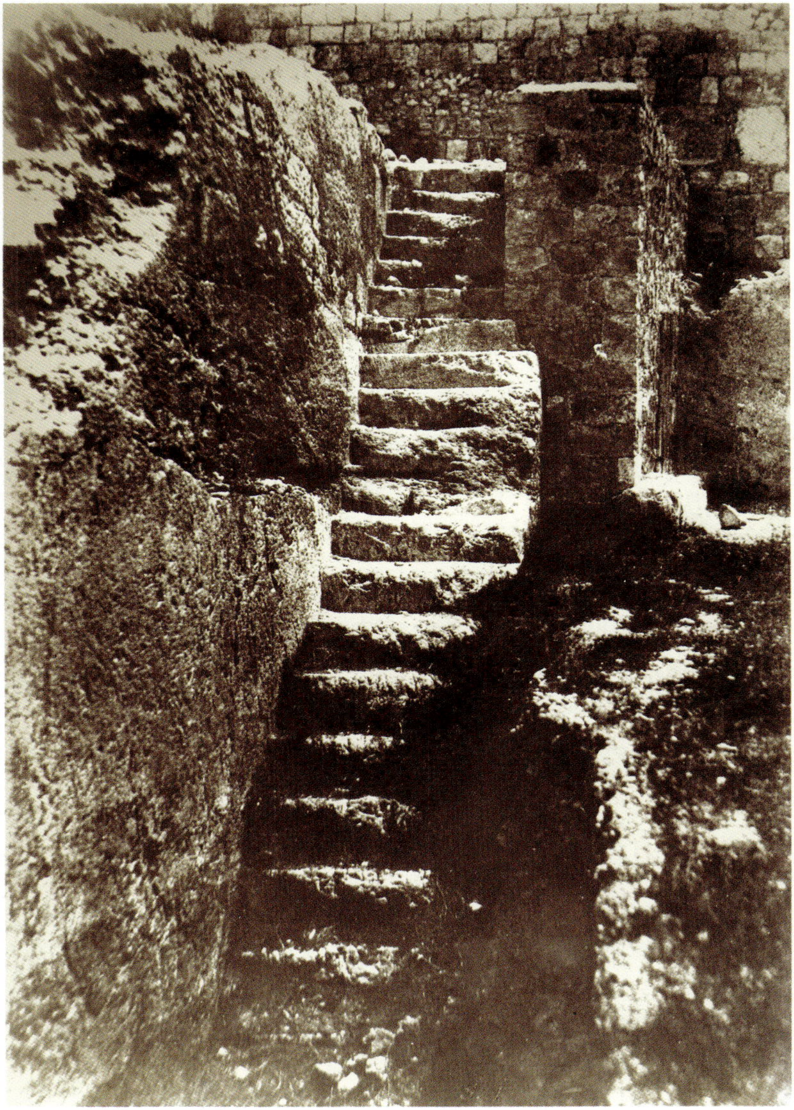

LOUIS-ADOLPHE HUMBERT DE MOLARD (1800-1874)

Les Chasseurs, 1851

Expert en chimie et en inventions de toutes sortes, le baron Louis-Adolphe Humbert de Molard fut, dans son petit château de Normandie, un adepte du daguerréotype dès 1843 et un excellent calotypiste dès 1846, expérimentant les virages colorés et la permanence du fixage.

Humbert de Molard est aussi un novateur lorsqu'il aborde des sujets impossibles à imaginer en photographie, qui se réfèrent surtout à la scène de genre, issue de la tradition néerlandaise remise à l'honneur au milieu du XIXe siècle. Il s'agit pour lui de créer une manière de « tableau » de la vie quotidienne rurale en réunissant personnages et accessoires dans un décor familier, autour d'un thème particulier: la partie de cartes, les ramoneurs, la taverne, le dépeçage du cochon, la lessive ou, ici, les chasseurs. De son oncle Robillard d'Argentelle, créateur d'une collection de fruits et plantes tropicaux en cire, il tient sans doute un goût pour la fantaisie et l'artifice, rare en photographie. Sa nature inventive, sa culture fantasque et sa liberté de hobereau à la Balzac font de Humbert de Molard un improvisateur photographique dans la génération des « primitifs ». Les scènes réalisées entre 1847 et 1851 comportent divers degrés d'arrangement et de vraisemblance. La pose longue, inhérente à la technique du calotype, requiert l'immobilité totale des personnages et le choix d'attitudes stéréotypées, dont l'expression standard et l'allure de « Musée Grévin » peuvent faire sourire aujourd'hui.

Il faut y voir un essai de dépassement des impératifs photographiques pour créer une sorte de mini-récit visuel. Membre fondateur de la Société Française de Photographie, Humbert de Molard est à l'affût de toutes les possibilités de la photographie, et tente en particulier de se projeter vers cette saisie « sur le vif » encore interdite par la lenteur du procédé, mais qu'il pressent être la véritable gageure de la photographie.

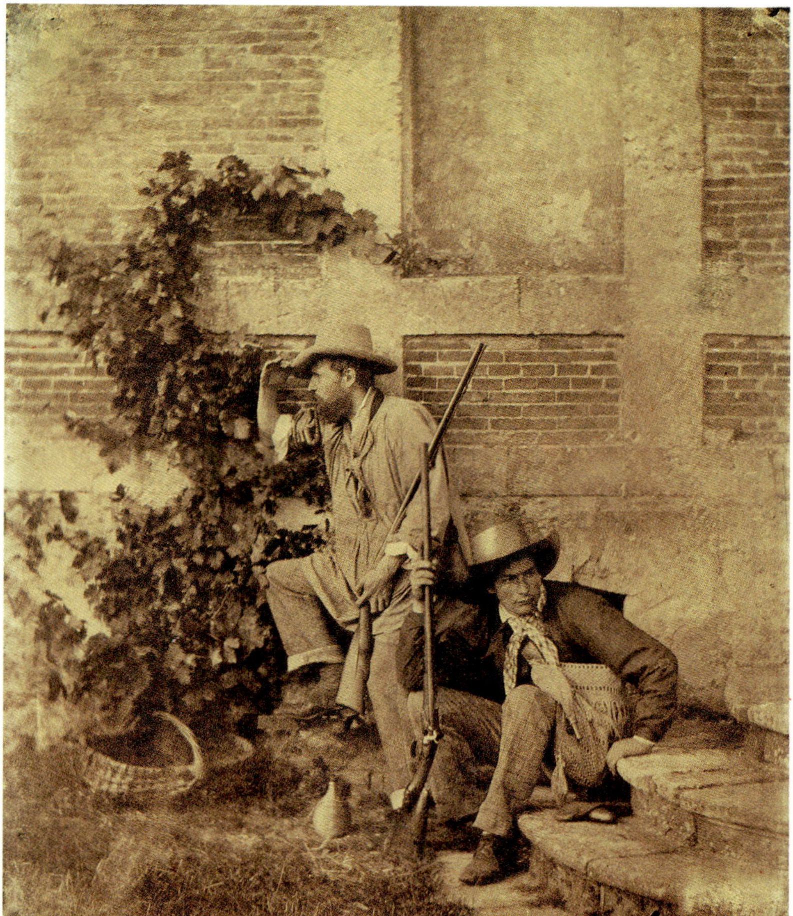
Aout 1851.

HENRI LE SECQ (1818-1882)

Bains publics ou École de natation, vers 1852-1853

Cette photographie, chargée de mystère et de bonhomie à la fois, illustre le caractère fantasque d'un créateur peu connu, qui s'est très tôt manifesté comme défenseur d'une technique décriée. Henri Le Secq des Tournelles, issu d'une grande famille parisienne, peintre médiocre par routine sociale, a été initié à la photographie par Gustave Le Gray. Il est l'un des grands maîtres du calotype, qu'il abandonne définitivement en 1856. Sa production s'étend donc sur sept années seulement, au début de la décennie 1850-1860 qui est l'une des plus fécondes et inventives de toute l'histoire de la photographie. Elle comprend une part publique, qui débute avec la participation de Le Secq à la Mission Héliographique, et s'accroît par des documentations sur les cathédrales gothiques (Amiens, Reims, Strasbourg, Chartres) et les vestiges médiévaux que l'on s'apprête à démolir dans le centre de Paris. Sa part plus privée, découverte récemment, est faite d'études d'arbustes, de chemins caillouteux et de carrières qui font songer à Corot ou Dupré, mais en plus dépouillé et plus anodin.
Sa verve créative l'oriente, en 1856, vers des natures mortes, dites «fantaisies», dans le goût du XVIIe siècle. En fait, les multiples facettes psychologiques du personnage, ami de Méryon, tourné vers l'exaltation d'un passé traversé de chimères, se concrétisent dans chacun des thèmes abordés, avec une opiniâtreté qui dépasse volontiers les poncifs d'époque. Celui qui se voit reconnaître en son temps «un point de vue d'artiste» et qui constituera, lorsque sa passion pour la photographie sera révolue, une extraordinaire collection de ferronneries anciennes, n'hésite pas à investir un établissement populaire de bains des bords de Seine, pour y subtiliser ce tableau vivant, «élégant décor fait d'ombres et de lumières alternées» où des témoins anonymes «évoluent tels des somnambules hors du temps» (Eugenia Parry Janis).

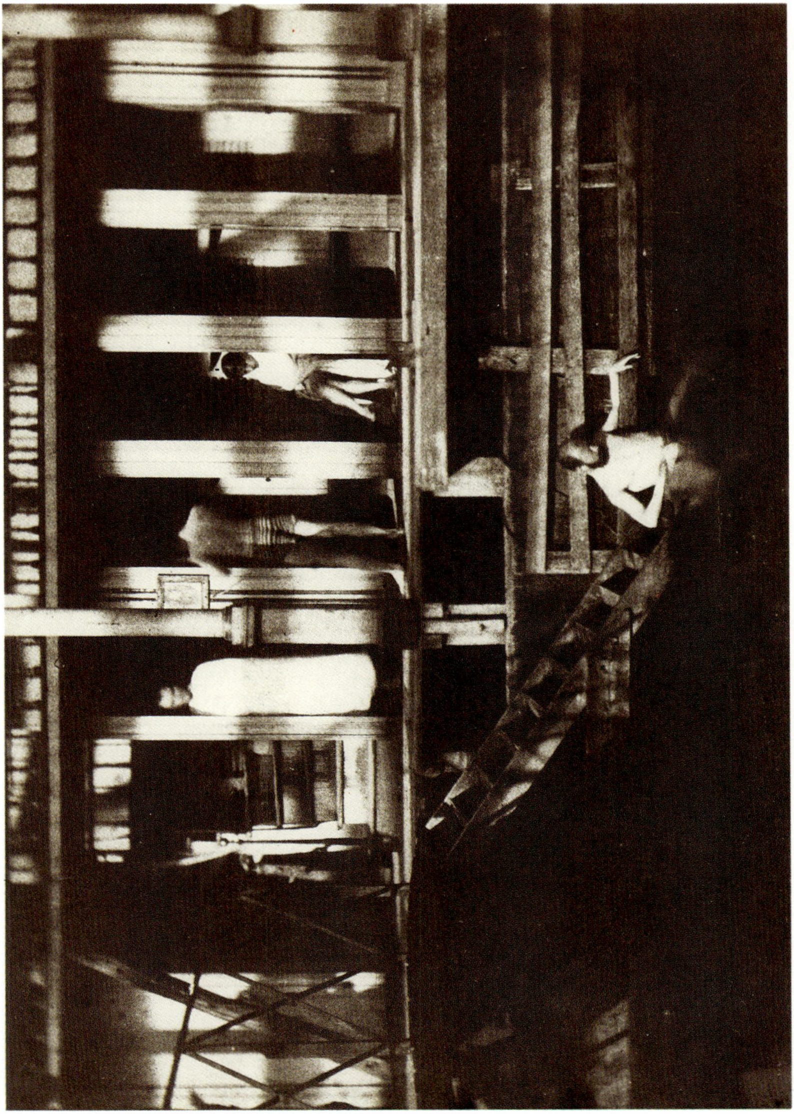

CHARLES NÈGRE (1820-1880)

Les Ramoneurs, 1852

Charles Nègre donne l'exemple rare d'un artiste-peintre qui ne renie pas sa carrière, doublé d'un technicien hors pair de la photographie. Il perfectionne particulièrement le procédé du calotype au début des années 1850 pour l'adapter aux exigences de sa vision de peintre et veut trouver dans la rue la spontanéité de ses sujets picturaux. Vraisemblablement venu à la photographie pour se procurer des «croquis» d'après nature qui serviraient de base à ses tableaux, il capte des scènes de marché dont les figures floues, dues à la longueur de la pose, le déçoivent. En 1851, il met au point un système optique qui concentre la luminosité du sujet sur une plus petite surface et lui ouvre la nouveauté de l'«instantané», caractérisé par l'apparence de vie, le rendu naturel du mouvement comme figé dans son déroulement. La faible durée de la pose (une seconde peut-être), pour ces *Ramoneurs* très appréciés de ses contemporains, n'empêche pas qu'on puisse douter quelque peu de la réalité du mouvement capturé «sur le fait».

Ce qui importe surtout pour l'époque, c'est l'illusion visuelle de la marche, l'allure de vie et la vigueur du trait, l'atmosphère du plein air qui valent alors à Charles Nègre les plus chaleureuses comparaisons: «Une pochade qui rappelle les dessins de Rembrandt [...]. Murillo tient tout entier dans cette scène.» Dans la même veine, il s'exercera, souvent avec son ami Le Secq, à dépeindre des figures de la rue *(Le Joueur d'orgue de Barbarie, Le Tailleur de pierre)* qui ancrent la photographie dans une voie réaliste déjà tracée par quelques artistes (Courbet, Millet).

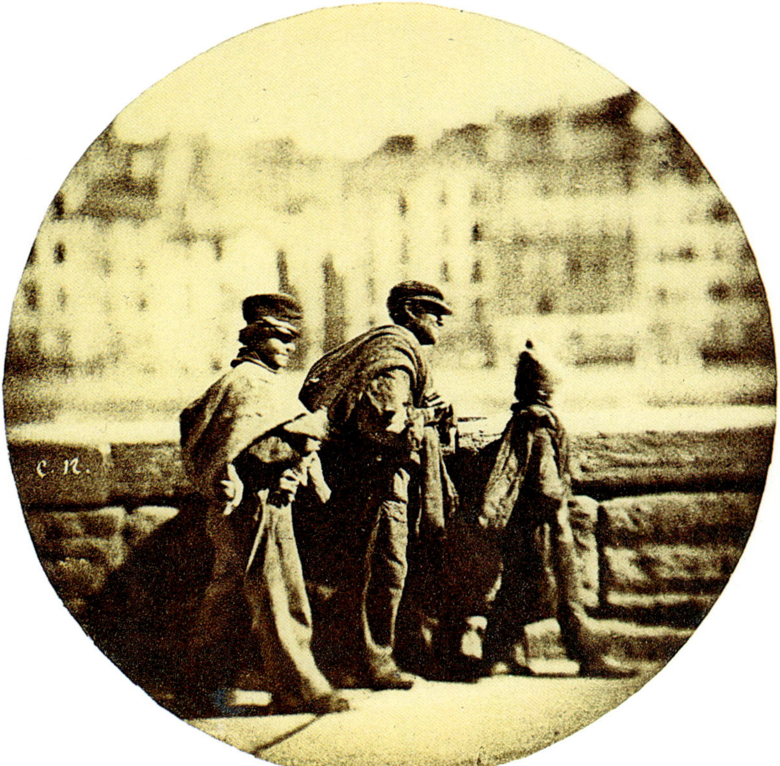
C. N.

EUGÈNE DURIEU (1800-1874)

Étude de nu masculin, 1853-1854

Lorsque fut créée, en 1851, la Société Héliographique, rassemblement de grands amateurs désirant promouvoir l'art photographique, on trouve parmi les membres fondateurs les noms d'Eugène Durieu et d'Eugène Delacroix, qui devaient alors se connaître depuis peu de temps. Durieu, juriste, calotypiste et plus tard critique photographique dans le cadre de la Société Française de Photographie, est connu pour la production de modèles pour artistes visiblement destinés à être un support à l'imagination pour des tableaux ou des illustrations - la photographie venant supplanter à moindre prix la pose réelle du modèle d'atelier. Mais le fleuron de l'œuvre de Durieu est constitué par un carnet de photographies ayant appartenu à Delacroix, « modèles posés » par le peintre; les clichés auraient donc été faits (vers 1853) selon ses indications et selon ses vœux.

On sait par ailleurs qu'il s'en servit pour certains dessins. A une époque où le procédé est critiqué pour sa froideur et son automatisme, Delacroix y voit « un traducteur chargé de nous initier plus avant dans les secrets de la nature ». C'est en ce sens qu'il faut juger ce « modèle » photographique, non seulement pour sa vérité graphique, mais pour ses qualités d'« art », d'œuvre transformée par le point de vue, le grain du négatif-papier, le rendu des ombres, « non plus une copie, mais un tableau» (Durieu). Si la machine photographique enregistre « ce qu'elle voit », c'est au photographe de lui « faire voir » ce qu'il veut.

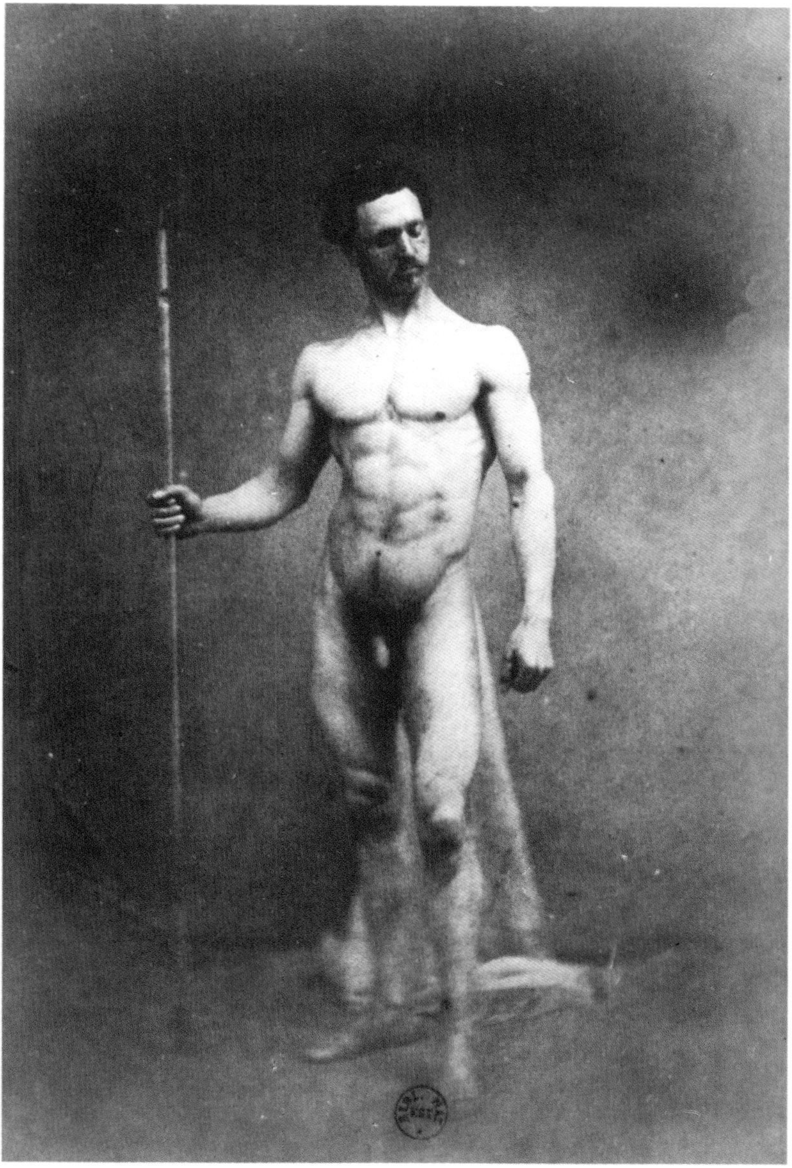

ANONYME

Vache, 1853 (photographie extraite des « Études photographiques », 1re série, n° 38, publiées par Louis-Désiré Blanquart-Évrard)

Si Blanquart-Évrard (1802-1872) figure ici, ce n'est pas essentiellement comme photographe, mais à titre générique, comme l'une des grandes figures de l'épopée photographique. Chimiste et négociant en drap, il s'est passionné pour le procédé du calotype de Talbot qu'il a considérablement amélioré dès 1846 pour en permettre le traitement « industriel » : rapidité de tirage, standardisation de la technique, permanence des épreuves à la lumière, etc. En 1851, il crée à Loos-lès-Lille une « imprimerie photographique » qui se charge de l'édition (tirage en grand nombre) de photographies sur papier (le terme d'imprimerie ne doit pas occulter qu'il s'agit de tirages véritables) ; son établissement, méthodiquement organisé, fonctionnera jusqu'en 1855. On lui doit l'édition de vingt-quatre port-folios sur des thèmes variés – topographique (*Les Bords du Rhin, Paris photographique*), documentaire (*L'Art religieux*) ou artistique (*Études et Paysages*) – totalisant plus de cinq cents planches différentes, sans compter les trois volumes archéologiques de Maxime Du Camp, John B. Greene et Auguste Salzmann dont il fournit aussi les tirages. Blanquart-Évrard, grâce à son ouverture médiatique et commerciale d'éditeur, est le promoteur d'une véritable « école » française de calotypie, dont les audaces d'amateurs nous seraient à jamais cachées sans son initiative ; ainsi nous est conservée (parfois en un seul exemplaire) la trace d'une intense activité d'« anonymes » qui ont vu dans la photographie un moyen spécifique de traduire leur vision du monde, leur goût pour le réel – fût-il fruste –, telle cette vache « posée » à son insu. Ni sujet de peinture ni œuvre d'art en soi, l'objet de la photographie s'impose au regard en se laissant capter par la lenteur obligée du procédé.

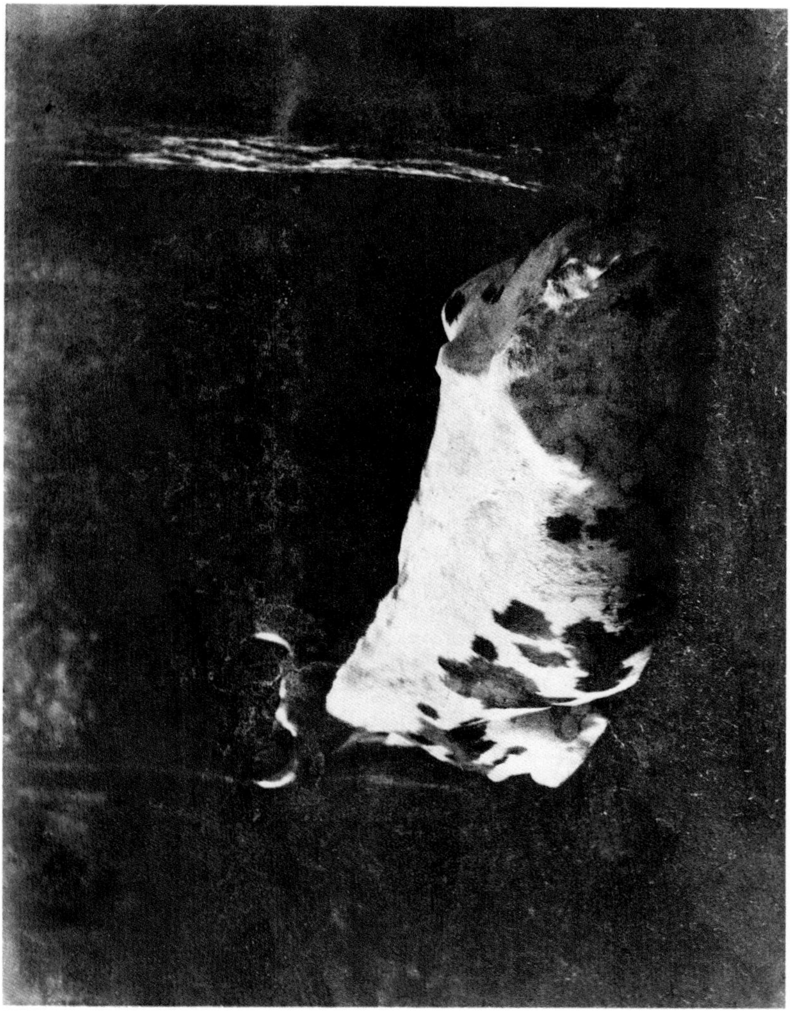

L'ESSOR DU NÉGATIF-VERRE : ALBUMINE ET COLLODION

Sitôt inventée, sous les formes déjà hétérogènes du daguerréotype et du calotype, la photographie se mit en quête de perfectionnements. Les procédés en usage dans les années 1840, qu'il fallut adapter à grand-peine à certains domaines (portraits, voyages) restent peu satisfaisants en regard du principe originel de la photographie : obtenir une image nette, précise, rapide, reproductible et stable. On s'intéresse donc aux particularités physico-chimiques de la photographie, en cherchant à modifier à la fois les ingrédients et le support. Pour la nécessité de reproductibilité, on s'en tient à la notion de négatif-positif ; pour la précision des formes et la transparence du négatif, le verre paraît le support le plus indiqué, si ce n'est la difficulté d'y faire adhérer les sels d'argent photosensibles indispensables à la production de l'image. Abel Niépce de Saint-Victor, petit cousin de Nicéphore Niépce, présenta le premier à l'Académie des sciences un procédé de négatif sur verre enduit d'albumine (blanc d'œuf), sensibilisé à l'acéto-nitrate d'argent, développé à l'acide gallique et fixé à l'hyposulfite de soude. Il avait aussi préconisé l'emploi de la gélatine sur verre, mais sans parvenir à l'appliquer durablement. Son procédé fut mis à profit rapidement (Bacot, Constant, de Molard). Mais la principale solution de tous ces problèmes allait venir d'un autre produit déjà signalé en 1849 par Le Gray (d'où sa réclamation d'antériorité); c'est à l'Anglais Scott Archer que revient le mérite d'avoir proposé en 1851 une méthode d'emblée parfaite pour l'usage du collodion sur verre (le collodion était un produit pharmaceutique cicatrisant, liquide un peu visqueux, solution de coton-poudre dans l'éther alcoolisé). Malgré quelques difficultés d'usage (étalement irrégulier, sensibilisation dans un bain de nitrate d'argent et prise de vue immédiate sur un support encore mouillé – d'où le nom de « collodion humide »), le procédé s'est vite imposé par ses avantages : finesse de trait, rapidité de prise de vue qui peut tomber à deux secondes, fiabilité de la standardisation et des recettes. Malgré aussi les inconvénients majeurs de la fragilité et du poids du verre (qui font prophétiser son abandon et le font contester par les voyageurs), les négatifs-verre au collodion (ou plus rarement à l'albumine) supplantent le négatif-papier vers 1855 (date de fermeture de l'atelier Blanquart-Évrard). Si l'Exposition universelle de Londres en 1851 avait montré un certain désordre des procédés, celle de Paris en 1855 marque la disparition du daguerréotype, l'apogée du calotype et la concurrence définitive du verre.

« L'ère du collodion », qui durera jusqu'aux alentours de 1880, est la grande période d'ouverture et d'expansion de la photographie. C'est avec les années 1850 que commence la phase commerciale et même industrielle de la photographie, conçue comme une entreprise s'adressant au plus grand nombre, et devant s'organiser autour de règles de production. La mutation technique imposée par le collodion « qui possède à lui seul les qualités de toutes les autres méthodes » ouvre le monde à la photographie : multiplication des ateliers, suprématie du studio professionnel sur l'amateur éclairé. Si l'albumine est de moindre usage pour les négatifs, elle joue cependant un rôle majeur dans les tirages positifs, tous dorénavant sur papier albuminé (fin et satiné) au lieu de l'habituel papier salé (mat) ; les images, plus soigneusement lavées, se conservent mieux.

La photographie est alors passée « dans l'atelier du peintre, dans le laboratoire du savant, dans le cabinet de l'homme du monde, jusque dans le boudoir de nos élégantes ; elle a passé les mers, franchi les montagnes, traversé les continents [...]. Elle est allée, avec l'artiste et le touriste, dans les musées, dans les cathédrales, au fond des bois silencieux, [...] dans les hôpitaux, [...] dans les prisons, [...] dans les manufactures : elle s'est montrée nécessaire partout et partout elle a tenu plus qu'elle n'avait promis » (Ernest Lacan).

Restait cependant un point négatif : la non-permanence absolue des tirages. En 1856, le duc de Luynes lançait un concours pour mettre au point des méthodes d'impression à l'encre d'après un cliché original, qui remédieraient à l'instabilité des épreuves argentiques. Les procédés multiples de l'héliogravure, du tirage au charbon et de la photolithographie (dus principalement à Poitevin), trop artisanaux et peu rentables, n'allaient pas encore ouvrir l'ère de la photographie « imprimée ».

L'événement photographié

C'est la lenteur relative du procédé qui avait éloigné le calotype des lieux de la vie sociale ; malgré les efforts de Hill et Adamson, ou de Blanquart-Évrard, les scènes photographiées sont presque irrémédiablement vides de tout signe de vie. Les « vues animées » sont inaccessibles si les personnages bougent naturellement et l'immobilité d'un instant est requise pour réussir la pose. En fait, c'est la présence reconnue du photographe qui est en cause : le procédé utilisé ne lui permet pas d'opérer incognito.

Le négatif-verre va au contraire ouvrir ce champ d'action inespéré au photographe : à défaut de passer totalement inaperçu en raison de l'incongruité de son matériel et de ses gestes, il peut au moins photographier sans réfréner l'action, sans entraver son déroulement, à ceci près qu'il ne peut être sûr de son succès. Dans cette facilité d'approche du sujet, rien de comparable à ce que sera l'attitude du photographe au XXe siècle ; le matériel reste imposant (grandes chambres sur trépied), les manipulations longues, délicates et aléatoires (choix du temps de pose) ; l'instantanéité moderne est hors de question avec une pose qui demande pas moins d'une seconde et des appareils munis d'un simple bouchon ou d'une lamelle pour obturer l'objectif. Le drap noir dont le photographe se couvre la tête pour faire la mise au point est aussi un élément légendaire de la manipulation.

C'est néanmoins dans de telles conditions que les pionniers du « rapport » photographique assisteront à l'ouverture de la reconstruction du *Crystal Palace* à Sydenham en 1854 ou au baptême du prince impérial à Notre-Dame de Paris en 1856. Mais il s'agit de louables exceptions expérimentales. Lorsque la photographie accède à la transcription de l'événement public, ce n'est pas vraiment à l'instant même où il se produit ; elle en rend compte avec un décalage dans le temps qui induit aussi une distance par rapport au sujet. De la guerre, la photographie enregistre surtout « le théâtre des opérations », très notable avancée de la perception qu'un observateur moderne peut juger bien timide. Le rapport du photographe – et du spectateur auquel il s'adresse – à une action donnée est en fait un rapport de proximité moyenne, de rémission réflexive que la photographie a pourtant considérablement raccourcie. Ne pouvant pas même songer à se situer « dans » l'action, le photographe en rapporte les faits les plus visibles, les conséquences les plus immédiates, et les traits les plus accusés, ou les plus piquants pour un public supposé. Ce public n'est d'ailleurs pas encore formé, il n'est pas prêt à « voir » ce qu'on veut lui montrer, n'en ayant jamais éprouvé la brutalité par l'image (peinture ou gravure).

La photographie apparaît donc novatrice lorsqu'elle est confrontée à l'événement; elle a le même pouvoir de « constituer » le fait social, collectif, public en une image qui le « représente » auprès d'une large population. D'autant que la plupart des gravures des illustrés seront bientôt dessinées d'après des clichés photographiques. Les notions de preuve, de vérité, de droit à l'image sont désormais inhérentes à la photographie ; mais un autre paramètre résiste encore, celui de la durée, dans la discordance éprouvée entre la brièveté de la prise de vue et la continuité du temps événementiel.

La guerre de Crimée est le premier conflit accessible à la photographie grâce à la sensibilité du collodion sur verre. Tous les grands événements seront ensuite « documentés » en photographie, comme la colonisation de l'Algérie (F. Jacques Moulin, 1856-1857), les rébellions en Inde (Robertson et Beato, 1857), l'intervention britannique en Chine (1860), la guerre de Sécession aux États-Unis (1861-1865) ; mais aussi, plus pacifiques ou paisibles, le concours agricole de 1856 (Adrien Tournachon), les inondations du Rhône (Baldus, 1856), les Expositions universelles, les fêtes de Montmartre ou de la barrière du Trône. Les vues stéréoscopiques, qui par leur petit format se prêtent à une meilleure instantanéité, sont le vrai véhicule de l'information visuelle sous le Second Empire.

« La photographie fait partout son œuvre. Elle enregistre tour à tour sur ses tablettes magiques les événements mémorables de notre vie collective, et chaque jour elle enrichit de quelque document précieux les archives de l'histoire » (Ernest Lacan). En introduisant l'événement violent dans la quiétude du salon bourgeois, plus crûment que n'importe quelle autre image, la photographie induira une certaine réserve à l'égard d'un médium trop dérangeant, mais elle projettera aussi son spectateur dans un monde plus proche, plus réel, dont la connaissance et l'appréciation ne se satisfont plus uniquement de l'écrit.

ROGER FENTON (1819-1869)

Valley of the Shadow of Death
(La Vallée de l'ombre de la mort), 1855

En s'embarquant pour la Crimée au printemps de 1855, sous le haut patronage de la reine Victoria, Roger Fenton accomplit une action fondatrice qui conduira à ce qu'on appelle aujourd'hui le « reportage ». Geste de soutien presque politique aux difficultés des troupes britanniques engagées dans le conflit aux côtés de la France et de la Turquie contre la Russie, la campagne de Crimée vue par Fenton pendant trois mois est bien le premier engagement spectaculaire d'un photographe dans un tel événement, puisque auparavant les images de la guerre n'étaient que des dessins souvent exécutés hors du feu de l'action. La photographie est donc censée porter un regard objectif sur les circonstances de la guerre - ce qu'un critique de l'époque appelle « la réalité palpable » étrangère au dessin - tout en impliquant le photographe comme individu humainement concerné.
Fenton part avec son « photographic van », laboratoire mobile tiré par un cheval, des assistants, cinq appareils, et pratique des poses de deux à vingt secondes. Toutefois, les manipulations chimiques sont incommodantes, les conditions de travail très difficiles, le photographe s'expose dangereusement à l'ennemi, les intentions personnelles sont mal fixées, et le « genre » photographique est encore à créer. Les photographies de Roger Fenton (plus de trois cents vues éditées par Agnew, à Londres, sans grand succès) peuvent paraître distantes, insuffisamment informatives ou trop esthétisantes ; il ne montre que la topographie du lieu des combats, la vie des camps en scènes organisées, les états-majors. Mais aucune photographie ne comporte un cadavre ou un blessé. Quelle que soit l'attitude personnelle de Fenton vis-à-vis de ces questions, on sait que les autres photographes qui se rendront sur les lieux (Szathmari, Robertson et Beato, Langlois et Méhédin) n'en donneront pas une transcription plus brutale. En fait, il s'agit de la première grande guerre de positions, et elle ne donne pas lieu aux habituelles scènes de bataille. En outre, Fenton est un photographe quelque peu « abstrait », qui évoque plus qu'il ne démontre, qui visualise des « signes » plus que des réalités guerrières (*La Vallée de l'ombre de la mort* ne serait en fait qu'une ravine où viennent se perdre les boulets inoffensifs). Fenton fixe un genre dans sa réalité vivante, au lieu d'opter pour la traduction épique, et modifie pour un certain public officiel, l'image de la guerre en montrant une vérité émotionnelle plus intuitive que choquante.

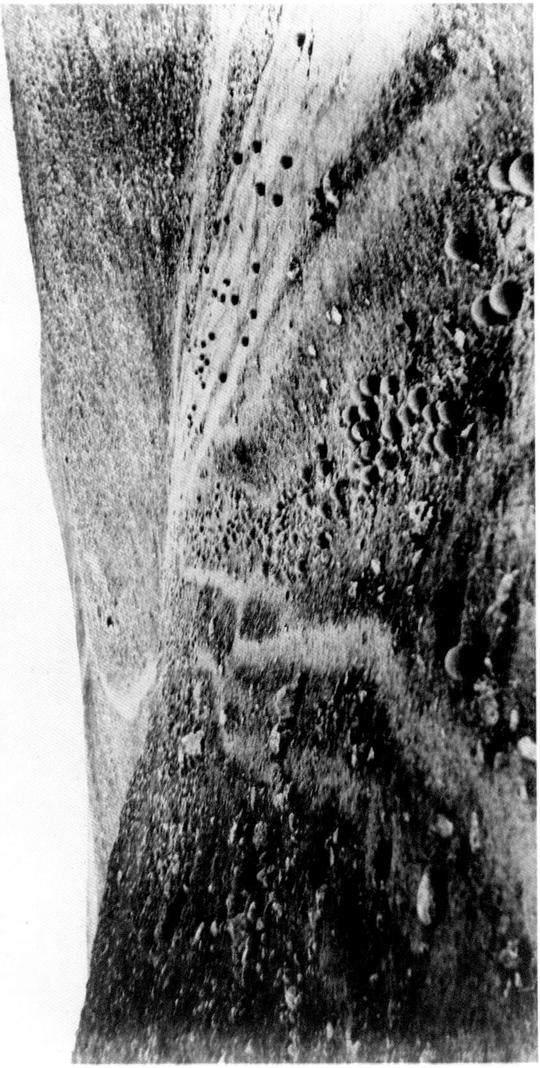

ALEXANDER GARDNER (1821-1882)

Lewis Payne, avril 1865

En tant qu'assistant et associé de Brady, qui entreprit de couvrir sous son seul nom les événements de la guerre de Sécession aux États-Unis, Gardner est avec O'Sullivan le meilleur photographe de cette période de l'histoire américaine. Le *Gardner's Photographic Sketch Book of the War,* dans lequel il publie, dûment attribuées à chaque photographe - après sa brouille avec Brady -, cent photographies de cette guerre, est un acte d'indépendance professionnelle et créative et montre un parti pris personnel quant à ce que doivent être l'engagement et la responsabilité de l'auteur d'une image.

En 1865, Gardner réalise aussi un « reportage » sur les conspirateurs contre Lincoln jusqu'à leur pendaison, ensemble cohérent de clichés. Le portrait de Lewis Payne, réalisé en prison, alors qu'il se sait promis à la mort, est une des œuvres les plus poignantes de la photographie. Centré sur la qualité du regard, sur l'effet d'affleurement de la haine et du dépit, ce « portrait » ne peut être rangé dans une catégorie préétablie.

A la limite de la photographie d'identité, dont le pouvoir judiciaire jouera beaucoup à partir de 1880, mêlant l'évocation presque artistique de la résignation et la capacité d'intrusion scientifique, il dévoile plus qu'un autre le potentiel moral de la photographie. Se voulant simple témoignage historique, le portrait de Lewis Payne devient - sans doute par la qualité du sujet lui-même - l'indice de la différence revendiquée; il met en évidence nos préjugés sur le visage de l'Autre et laisse éprouver la prise de vue comme une véritable agression.

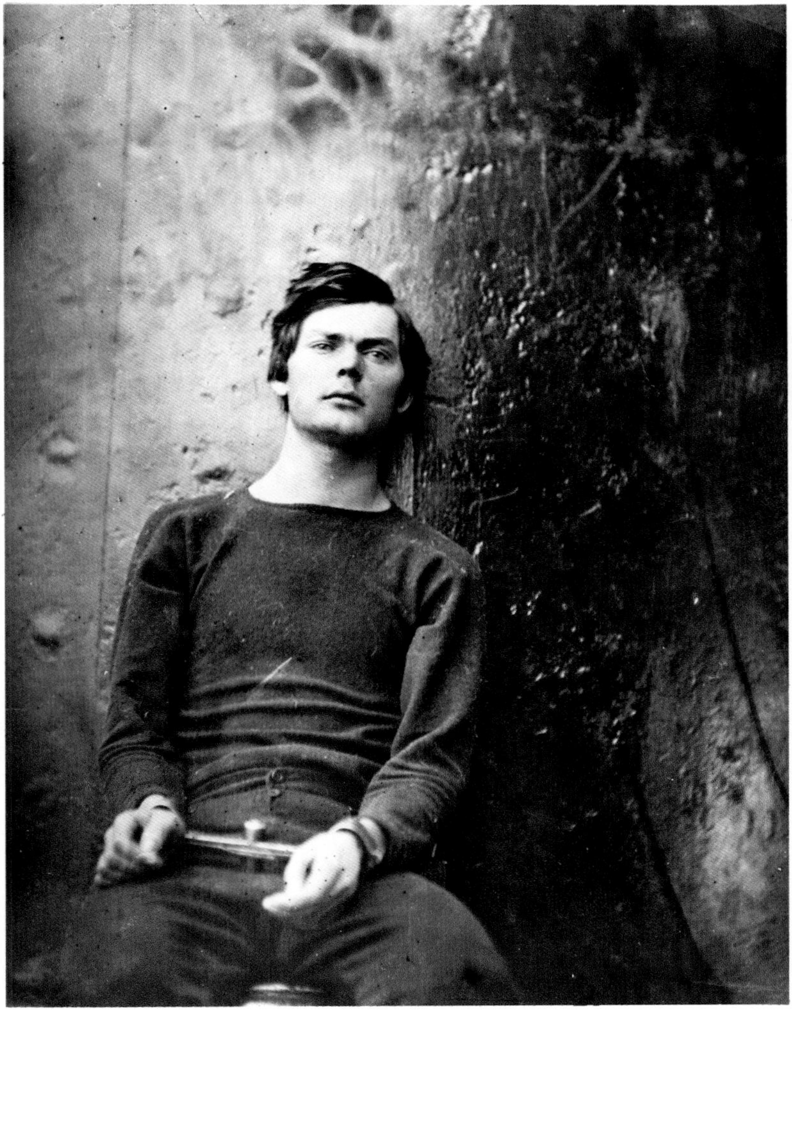

TIMOTHY O'SULLIVAN (actif de 1840 à 1882)

A Harvest of Death, guerre de Sécession, juillet 1863

Intégré dans le groupe de Gardner, travaillant sous la direction de Brady, puis assistant de Gardner à Washington, Timothy O'Sullivan est l'un des photographes américains les plus captivants; une sorte de spécialiste de l'adaptation photographique, si nécessaire lorsque les «genres» n'existaient pas dans ce domaine. Créateur visionnaire de paysages hantés par la solitude et la dérision, auteur d'images graves et volontaristes sur les conditions de travail dans les mines de l'Ouest, il est aussi l'un des meilleurs photographes de la guerre de Sécession; Gardner publie quarante-quatre de ses photographies sur les cent que compte son *Photographic Sketch Book* de 1866.

A Harvest of Death, photographie réalisée sur le champ de bataille de Gettysburg en juillet 1863 (l'un des plus meurtriers et décisifs de cette guerre), est véritablement un symbole de la tuerie, d'autant plus consternante qu'il s'agit d'une guerre civile. O'Sullivan recherche les difficultés de situation, il se place devant son sujet dans une position audacieuse et responsable. Selon les conditions matérielles et mentales de l'époque, la vision imposée des cadavres et du délabrement des corps, sans affectation de mise en place, est l'image la plus courageuse que les contemporains puissent admettre.

O'Sullivan mettait en application cette conception du poète Walt Whitman, que la vérité de la guerre ne pouvait être trouvée que dans ses détails anonymes. Et Gardner commentait cette photographie en ces termes: «Une telle image comporte une morale: elle montre l'horreur absolue et la réalité de la guerre, par opposition à son apparat. En voilà les détails atroces. Puissent-ils aider à empêcher une telle calamité de s'abattre encore sur la nation.»

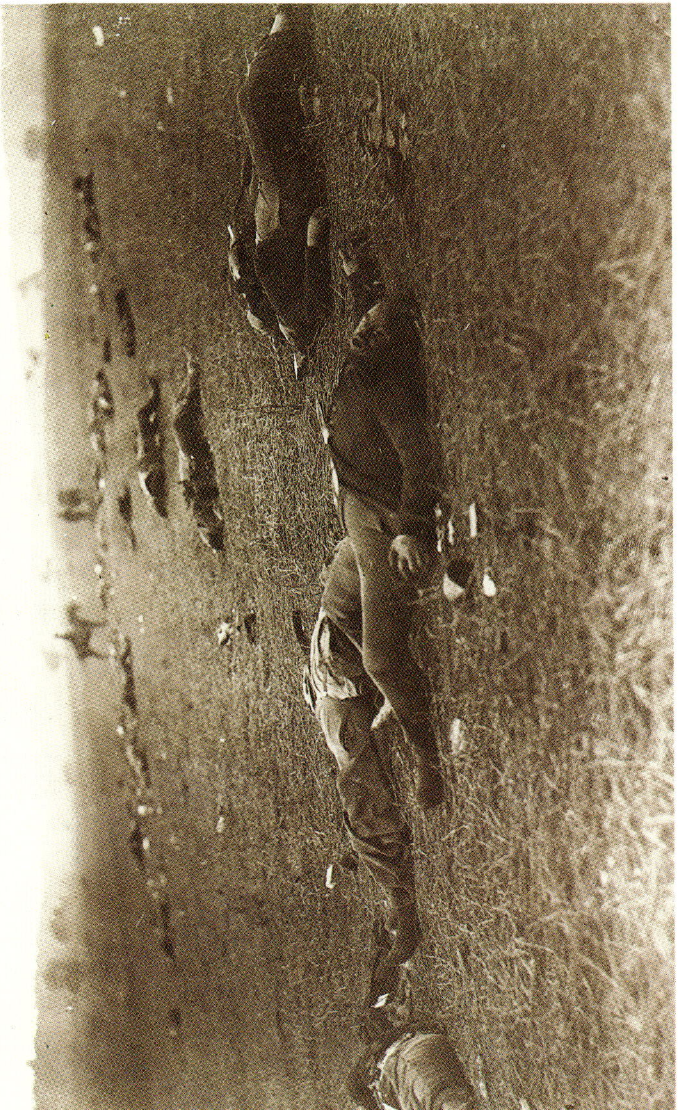

ATTRIBUÉ A DISDÉRI (1819-1889)

Communards, mai 1871

Après la défaite de 1870 et la déchéance de Napoléon III, le gouvernement de la Commune de Paris est proclamé le 28 mars 1871, peu après que Thiers s'est réfugié à Versailles. La Semaine sanglante du 22 au 27 mai fait vingt mille victimes parmi les Fédérés et la Commune est écrasée. Déjà, lors du Siège de Paris en 1870, la photographie s'était trouvé un rôle de premier plan, indirect en la personne de Nadar qui dirigeait alors le corps des aérostiers, plus direct avec la mise au point des dépêches photographiques microscopiques par Dagron. Pendant la Commune, les Fédérés s'étaient laissés bravement photographier sur les barricades, ou aux abords de la colonne Vendôme abattue (le peintre Courbet y figurait comme l'un des instigateurs). Mais la photographie va surtout être un instrument de propagande et d'accusation, à travers les centaines de clichés qui montrent les « ravages », tels les bâtiments incendiés, l'Hôtel de Ville ou le palais des Tuileries ; ou encore avec les photomontages d'Appert censés représenter les exactions des Communards. C'est surtout une grande entreprise de fichage photographique qui commence en 1871, fondée sur les photos souvenirs exécutées pendant le Siège ou sur les photographies d'identification faites dans les prisons de Versailles (par Appert). Des indications signalétiques (nom, condamnations, traits physiques, activités politiques) permettent de suivre l'individu et de le surveiller.

Il existe cependant peu de témoignages photographiques des violences humaines de la Commune, dont on rapportera principalement les méfaits matériels. La photographie ci-contre est un des rares documents qui montre crûment la réalité des otages fusillés, peut-être dans un but d'identification. Rarement au XIXe siècle le photographe s'autorisera à montrer ainsi la mort brutalement et à conserver aussi ostensiblement la preuve des exactions commises.

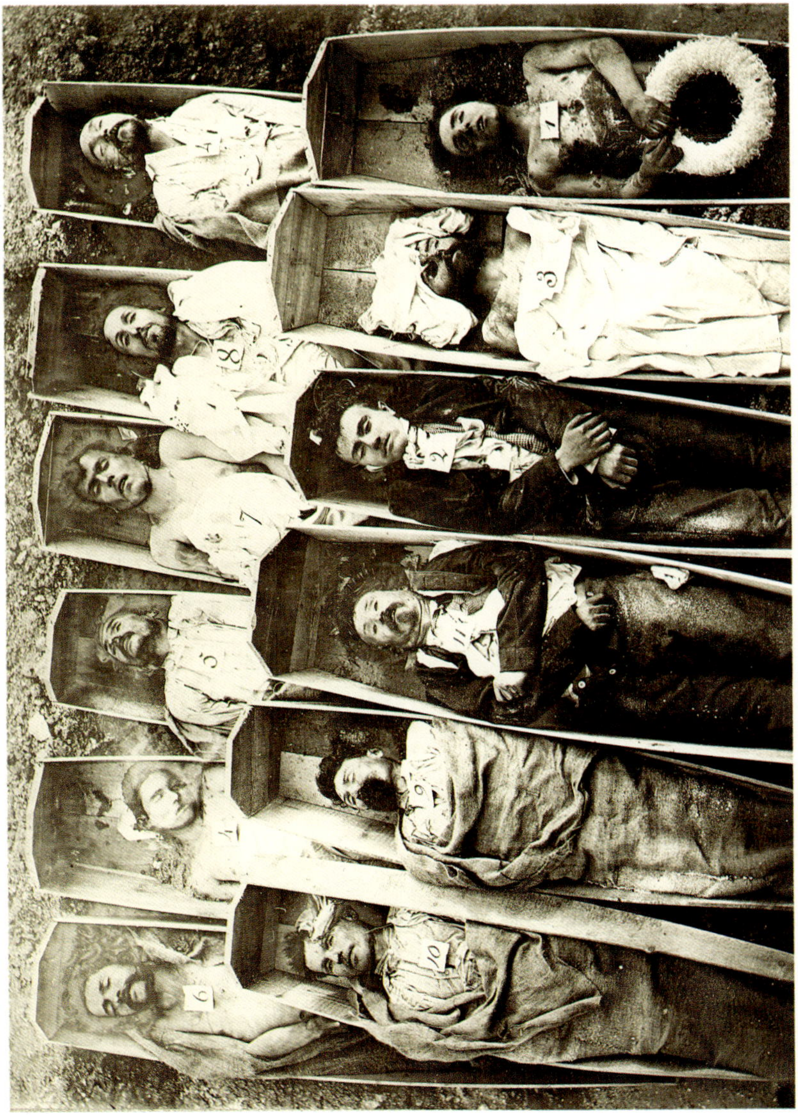

FELICE A. BEATO (v. 1830-1906)

Le Fort de Taku après l'assaut de 1860

La carrière photographique de Beato, qui fut fort longue et commença vers 1850, est encore mal connue. Beato fut peut-être avec Robertson devant Sébastopol pendant la guerre de Crimée ; on le retrouve en Inde au moment de la révolte des Cipayes, puis en Chine en 1860 pendant la deuxième guerre de l'Opium où il photographie la chute du fort de Taku. Il voyagera ensuite au Japon et en Birmanie et il sera un des premiers photographes à se spécialiser dans le document exotique. Beato, que l'on retrouve dans toutes les situations difficiles, paraît avoir été fasciné par les actions guerrières et les sites dévastés. Mais il est toujours l'étranger, celui qui porte un regard neutre et sans commisération sur l'événement. Il montre sans commenter. Il fit plusieurs photographies du fort de Taku juste après sa prise par les Britanniques, avec les cadavres en place sur le site. On lui a parfois reproché d'avoir trop « composé » avec cette réalité morbide, d'en avoir donné une vue distanciée et froide. Mais il faut y voir une figure emblématique de la guerre, sans dénonciation aucune; l'image particulière vaut pour l'ensemble et en constitue un « tableau » réaliste. Et chaque photographie est une leçon, sur un drame dont l'Européen de l'époque ne peut pas même imaginer la nature.

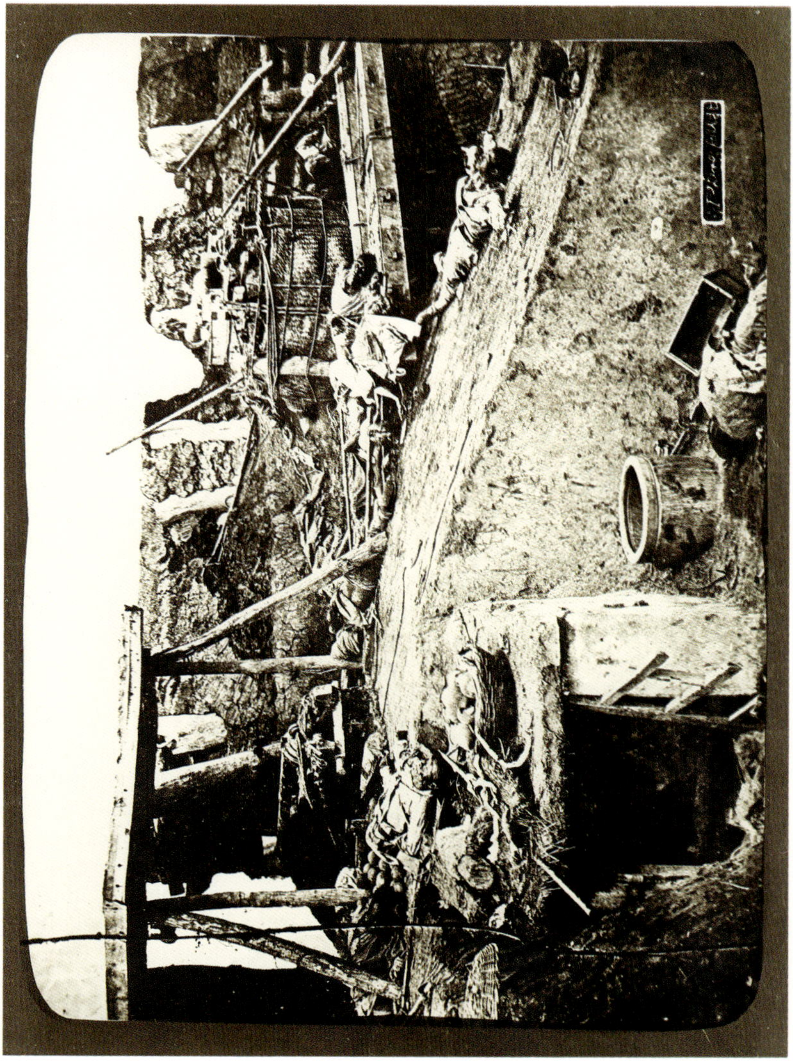

L'atelier du photographe

Il y a une véritable épopée de l'atelier photographique au XIXe siècle, à tel point que le passage chez le photographe est l'une des figures obligées de la bourgeoisie. Apparu avec la vogue du daguerréotype, l'atelier des années 1840 reste relativement modeste. Deux événements successifs lui donnent un essor inespéré : l'usage du collodion sur verre qui rend le portrait plus aisé pour le client et permet surtout la reproduction de la photographie au nombre d'exemplaires souhaité ; la mode de la carte de visite photographique, ou portrait-carte, qui se répand à la fin des années 1850. Correspondant à un goût naturel du public pour « sa triviale image » (Baudelaire), le portrait-carte connaît un engouement qui atteint les couches sociales modestes et nécessite l'aménagement de lieux spécifiques. Déjà le nombre des ateliers à Paris était passé de vingt-neuf en 1851 à cent soixante et un en 1856, et il est multiplié par cinq entre 1855 et 1865. A Londres et dans les villes de province, la progression est encore plus spectaculaire : Limoges possède deux ateliers en 1861, onze en 1863.

Volontiers organisé en « temple de la photographie », l'atelier est effectivement le lieu d'une cérémonie, au cours de laquelle le client doit parcourir un espace « publicitaire » d'apparat ou d'accueil, attendre que l'officiant soit disponible, mettre de son côté tous les atouts de la réussite (devant le miroir), et entrer en séance de pose. L'espace est conçu pour ramener l'individu au simple rôle de sujet photographié, avec la neutralité expressive qui sied au genre ; des accessoires à connotation valorisante (rideau, colonne, fauteuil, guéridon, tapis) sont disponibles, dans un arrangement scénique qui varie selon chaque client : assis, debout, accoudé, tenant un livre, accompagné d'un chien...

Condition déterminante pour la diffusion du portrait-carte, cette effigie de petit format, vendue par douzaines ou par centaines à prix modique, disponible pour tous les amis à titre de souvenir, rencontre une inclination positive du public à l'égard de sa propre image. Chacun souhaite disposer avec fierté de son identité affirmée et de son individualité confirmée par le portrait dans des conditions standardisées mais néanmoins avantageuses, dépassant généralement la situation sociale des participants. L'album « de famille » dans lequel sont réunies toutes ces cartes comprend aussi des portraits d'amis, des souvenirs de lieux visités, des reproductions de tableaux ; c'est un ensemble de réalités objectives qui donnent corps aux aspirations personnelles de reconnaissance sociale.

Certains ateliers parisiens se livrent aussi à une surenchère de luxe et d'exubérance pour attirer le flux de la clientèle aisée. C'est le cas de Mayer et Pierson, ou de Disdéri, installé boulevard des Italiens sur deux étages, avec cent employés, ou encore de Nadar, au 35, boulevard des Capucines, dans un immeuble de fer et de verre avec des vitrines de bibelots, un escalier chinois, des jeux de glaces, une cascade, des tapisseries des Gobelins et des objets d'art... La façade était surmontée de l'immense signature rouge du photographe, éclairée au gaz.

Chaque photographe en quête de renommée est à la recherche de personnalités consentantes qui constitueraient des « têtes d'affiche » publicitaires pour l'atelier. Car la mode de l'image a gagné le monde des arts et de la politique : depuis que l'on diffuse, par milliers d'exemplaires, l'image de l'empereur, de l'impératrice et du prince impérial on se plaît à être assez célèbre pour pouvoir vendre son effigie. On trouve celles de Rossini, Ingres, George Sand, Thiers, Wagner chez Pierre Petit, Disdéri ou Nadar, et parfois chez tous ces photographes. Et ailleurs, Lincoln par Brady, ou la famille royale anglaise par Mayall. On trouve aussi les chanteuses de l'Opéra, les danseuses, les acrobates, et encore les nains, les géants ou les assassins.

Disdéri et Nadar iront assez vite vers la faillite commerciale, non parce que le portrait-carte serait moins prisé (il continuera à l'être jusqu'à la Première Guerre mondiale) mais parce que l'investissement financier n'était pas en rapport avec les gains réalisés.

Quoi qu'il en soit de la valeur artistique de ces « identités » portatives, le portrait-carte marque un tournant dans le goût d'un vaste public pour l'image photographique et une évolution des attitudes sociales. Le système de production qui laisse peu de place à l'imagination a engendré un type d'images répétitives : « On installait le client à une place invariable, et l'on obtenait de lui un unique cliché, terne et gris, à la va-comme-je-te-pousse » (Nadar, à propos de l'atelier Mayer et Pierson). Mais peut-être était-ce déjà là une conquête essentielle.

NADAR (1820-1910)

Manet, vers 1863

De Félix Tournachon, dit Nadar, on peut penser qu'il est le type même du photographe, tel qu'on l'imagine sous son voile noir, attentif au déroulement des opérations de la prise de vue, instaurant une relation temporairement bienveillante entre le modèle et la machine qui le regarde; il «invente», en effet, un genre qui n'existe pas encore sous cette forme : le portrait photographique psychologique. Passer de l'attitude formaliste de la peinture à la sensation de brièveté et de spontanéité que permet la photographie était encore un pari créatif et expérimental. Nadar est aidé en cela par sa formation de journaliste, de caricaturiste, et en particulier par l'édition de son *Panthéon-Nadar* (1853), regroupant des dizaines de portraits-charges de célébrités du monde des arts. Il aborde le portrait photographique en 1854 dans son atelier de la rue Saint-Lazare, opérant souvent dans le jardin, devisant avec le «client» qui est généralement un ami et interrompant brusquement l'entretien par un «Ne bougeons plus», lorsque l'attitude lui paraît naturelle et révélatrice. Il enlève alors le cache de l'objectif pendant une ou deux secondes. La gageure du portrait est de montrer dans l'expression passagère d'un instant les traits psychologiques dominants d'un individu, la «ressemblance» au lieu de la simple «identité» que collectionnent les photographes à la mode. Vigny, Gautier, Michelet, Baudelaire, Dumas, Rossini, Doré, seront parmi les premiers invités, avant que Nadar ne s'installe en 1860 boulevard des Capucines et ne cède lui aussi à l'engouement de la carte de visite et d'une pratique «fastidieuse jusqu'à l'écœurement». Ses portraits de grand format, qui n'ont rien de commun avec les petits portraits-cartes, répondent déjà à ce souhait de Baudelaire d'avoir «un portrait exact mais ayant le flou d'un dessin» (il ajoutait : «il n'y a guère qu'à Paris qu'on sache faire ce que je désire»).

Très au fait des recherches scientifiques en matière d'expression des émotions (Duchenne de Boulogne, voir page 115), dessinateur virtuose, Nadar voulait rendre au modèle toute sa présence effective en se faisant le traducteur idéal d'une sensibilité dissimulée : «Ce qui ne s'apprend pas, c'est le sentiment de la lumière [...], c'est l'intelligence morale du sujet [...], c'est le côté psychologique de la photographie» (1857).

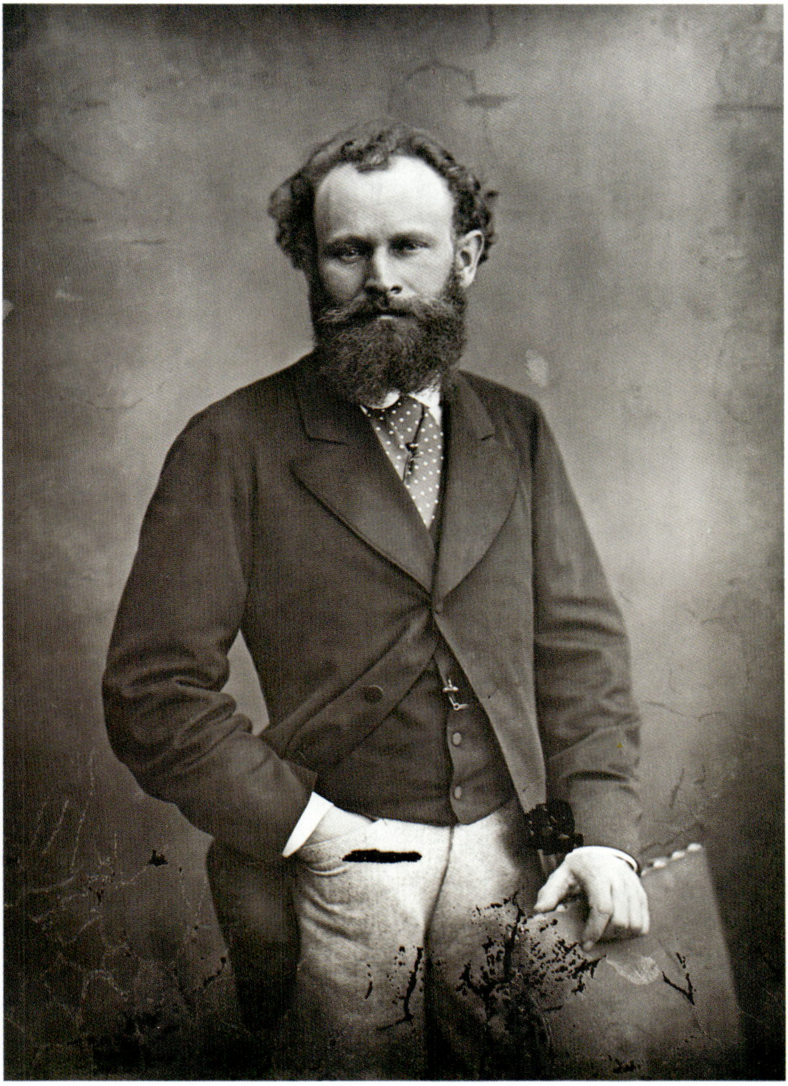

DISDÉRI (1819-1889)

Poses de cartes de visite, vers 1860

En 1854, André-Adolphe-Eugène Disdéri prend un brevet pour un procédé de multiplication des portraits photographiques, qui consiste à réaliser sur une même plaque négative au collodion, quatre, six ou huit prises de vue, grâce à un châssis spécial ou à l'usage de plusieurs objectifs. Le tirage-contact sur papier albuminé est débité en petites vignettes de 6 x 9 cm, collées sur un carton léger au format « carte de visite » ; c'est le portrait-carte, « produit industriel » typique du XIXe siècle, selon l'expression de Disdéri. Il se développe surtout à partir de 1858, dans toute l'Europe et aux États-Unis, et Disdéri est l'un des premiers bénéficiaires de cet engouement nouveau.

Venu à Paris en 1854, photographe officiel de l'Exposition universelle de 1855, Disdéri - qui porte le titre de « photographe de l'empereur » - s'installera dans un luxueux atelier du boulevard des Italiens, menant grande vie, régnant sur une entreprise d'une centaine d'employés et réglant le rituel de la pose photographique à l'heure de la promenade ou des spectacles. Le procédé, qui a pour avantage de réduire les manipulations, divise par vingt le prix d'un portrait et permet sa diffusion à bon marché. Vendues à la douzaine ou à la centaine, les cartes s'offrent à toute occasion, dans la famille et entre amis, et vont remplir les albums de cuir à fermoir métallique, l'un des accessoires de salon du Second Empire. Mais on peut également se procurer, chez le photographe ou le marchand d'estampes, l'effigie d'un grand nombre de personnalités françaises ou étrangères, de l'empereur à l'acrobate du cirque. Quoi qu'il en soit de la qualité « artistique » des portraits-cartes, « cet art de quatre sous mis à la portée de la vaniteuse gueuserie d'un siècle de bon marché et de camelote » (Barbey d'Aurevilly), ce petit objet photographique a modifié les relations sociales en propageant l'image des individus, en permettant à un large public d'avoir une vision « directe » de la société, du gouvernement ou des artistes. Il a incité à se connaître par sa propre image et a reconsidérer son rapport à l'espace, au décor et au temps.

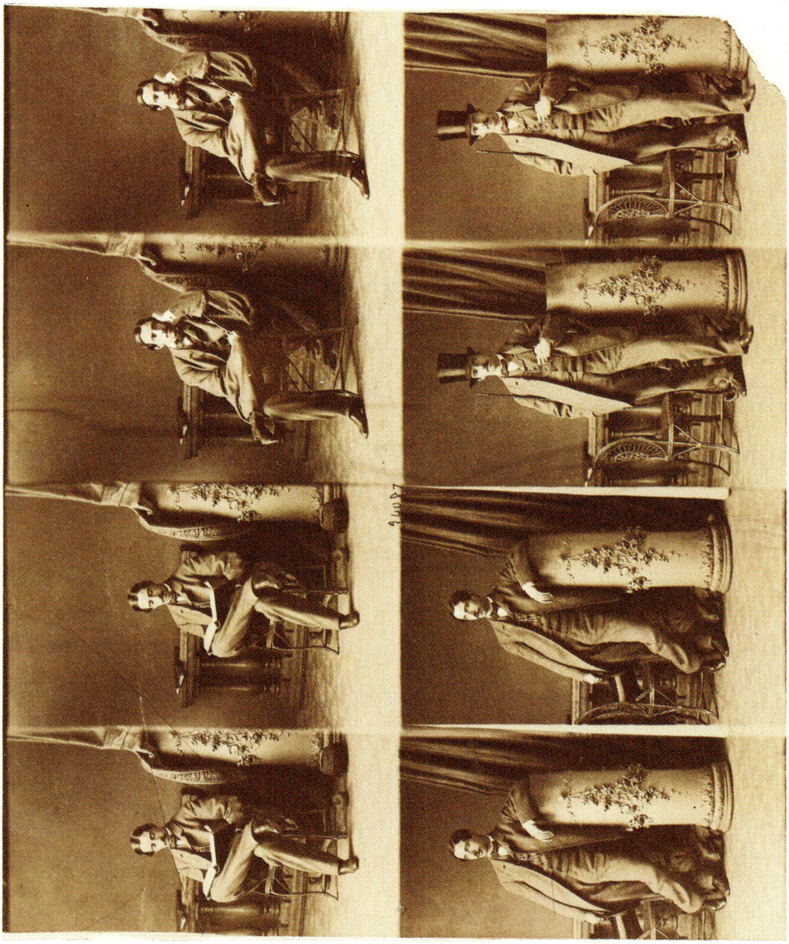

ANONYME AMBULANT

Sans titre, vers 1860

Le rôle des photographes ambulants est capital pour la diffusion de la photographie. Dès l'invention du daguerréotype, de nombreux artisans ou colporteurs, rapidement reconvertis, battent la campagne en proposant, entre autres marchandises et services, un portrait photographique d'une exécution quasi instantanée, surprenante au regard des habitudes de l'époque. Cette irruption d'une image automatique et véridique, au sein d'une population mal informée qui assimile volontiers ce procédé mystérieux à l'aimable charlatanisme dont elle est d'ordinaire la cible, sera un des grands faits de société du XIXe siècle. Ces photographes, qui opèrent souvent pendant les foires ou fêtes locales, seront les premiers à adopter des procédés moins onéreux que le daguerréotype mais similaire (tel l'ambrotype) dont ils se garderont bien de souligner le caractère plus précaire - ou à pratiquer, plus avant dans le siècle, des méthodes rapides (le ferrotype, de plus petit format). Le photographe arrive avec une carriole, dresse, sur la place du village ou dans la cour de la ferme, un drap tendu qui sert de fond, installe son trépied et sa chambre noire. Le cérémonial est plus intimidant encore qu'au studio de la ville, si la scène se passe en plein air, sous l'œil goguenard ou inquiet des badauds et de la famille. La prise de vue est une épreuve, pour laquelle le «patient» s'entoure d'objets-fétiches qui le caractérisent le mieux. Il est censé améliorer son image : il a revêtu son seul costume, s'est emparé d'une plante (étiquetée) qu'il paraît choyer particulièrement... Il donne sans doute par là des signes de son identité, de ses goûts, particularités qui survivront à la standardisation de la pose photographique.

La disharmonie de l'ensemble (place d'un arrosoir, bricolage d'une planche sous la chaise) importe peu. Ce qui compte alors c'est l'évidence de l'individu, cette conviction d'exister que lui apporte le photographe, dans le défi loyal d'un face à face.

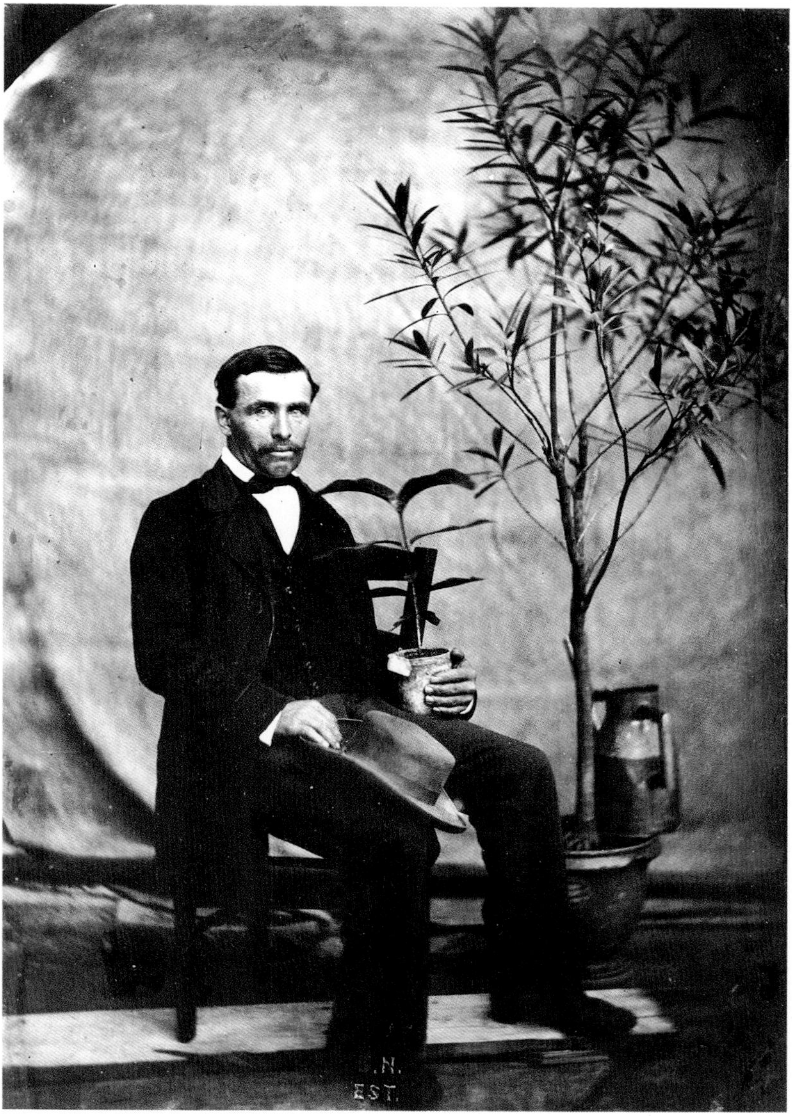

MAYER (1817-v. 1865) et PIERSON (1822-1913)

Le Prince impérial, vers 1859

La firme Mayer et Pierson, entreprise commerciale dont le succès repose avant tout sur l'essor des portraits photographiques, est créée en 1855 par association des frères Mayer et de Louis Pierson, photographes. Elle sera dissoute en 1864. Photographes officiels de l'empereur, mais aussi des souverains des Pays-Bas, du Portugal, de Suède et de Norvège, ils ont pris des clichés à l'occasion du baptême du prince impérial en 1856, puis à la cour à Fontainebleau. Ils réalisent un grand éventail de photographies de célébrités (mille deux cents disponibles en 1862) et éditent l'album des portraits des députés. L'atelier de Léopold Ernest Mayer et Louis Pierson - l'un des plus courus de Paris - reçoit aussi régulièrement la visite de la Castiglione, à partir de 1855, pour des poses où la fantaisie le dispute à l'ostentation.

En dépit d'une production standard qui ne supporte guère l'improvisation, « s'en tenant à une seule manière et à un format à peu près unique singulièrement pratique pour les espaces de nos logements bourgeois », selon la critique de Nadar, cet atelier, comme beaucoup d'autres, est capable d'une attitude plus gratuite ou inventive lorsque les circonstances s'y prêtent. De cette prise de vue pour un portrait du prince impérial (âgé d'environ trois ans), on ne sait ce qu'il faut regarder comme réellement destiné à être montré ; tout le dispositif photographique est visible, avec le drap tendu, le prince impérial solidement amarré sur son poney, l'empereur familièrement présent à droite. La représentation officielle et l'apparat le cèdent à la simplicité des contingences locales, et l'image renvoie finalement au phénomène social de la prise de vue, et à une vision familiale et intime de l'empereur dans son rôle de père responsable, inquiet peut-être.

Ce n'est plus le portrait du prince impérial qui apparaît, mais une scène théâtrale, avec ses rôles solennels comme des récitants grecs et ses hiérarchies frontales d'intérêts dispersés : laquais, prince, poney, chien, empereur.

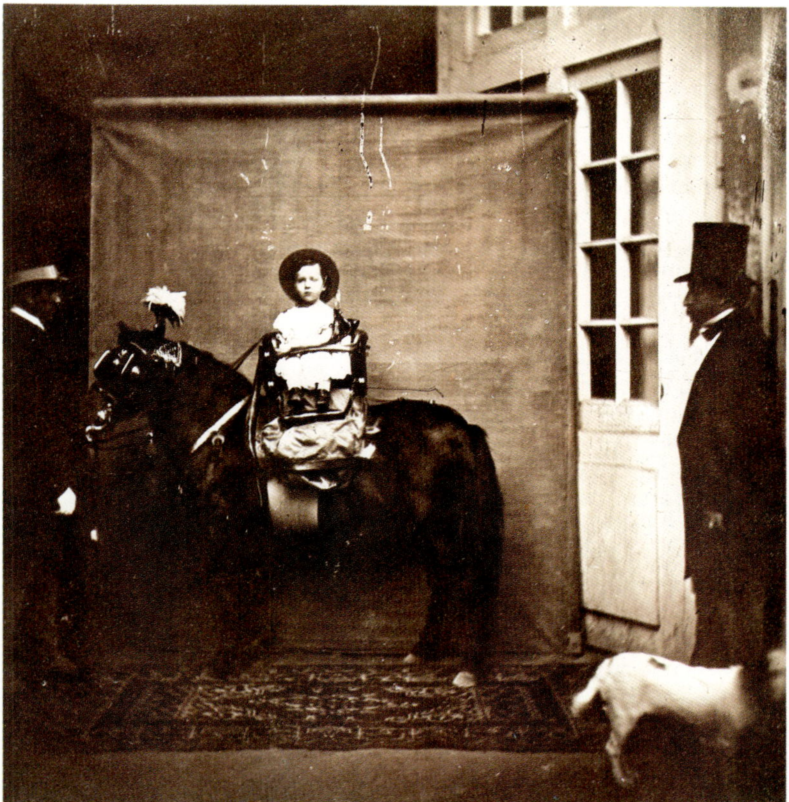

Le document photographique

Au milieu du XIXe siècle, au moment de son expansion technologique avec le négatif-verre, la photographie doit à l'évidence s'inventer un langage. Cette nouvelle perception, sensible déjà dans le portrait photographique est plus spécifique encore de la photographie événementielle ou documentaire qui ne repose sur aucune tradition réellement transposable.

Par sa capacité de vérité, par sa faculté de hasard (le détail qui n'a pas été remarqué à la prise de vue), par son originalité d'empreinte mécanique et son impuissance à remodeler le réel, la photographie est le document par excellence. Ce qui est vu est bien ce qui est, ou plutôt, a été. Pour mesurer l'impact d'un tel document, il faut en connaître les antécédents. Pour décrire, archiver, reproduire, concevoir, diffuser, on se sert du dessin : d'architecture, de relevé, d'illustration, selon des codes graphiques établis (vue frontale, perspective, plan, projection). La photographie, qui est une forme de projection plane, produite optiquement, vient bouleverser ces données puisqu'elle applique à toutes choses la même démarche, la même vision de l'objectif là où des particularismes professionnels avaient établi des usages spécifiques. En outre, la photographie est tout à fait universelle : là où le dessin est possible, la photographie l'est avec plus d'efficacité – mieux, elle investit des terrains délicats, comme la microscopie et l'astronomie.

En quelque sorte, malgré la lourdeur de l'appareillage et la lenteur des préparatifs, la photographie est capable de se substituer à l'œil de l'observateur, et presque en synchronie. Mais son plus grand avantage est d'opérer automatiquement. Les premiers observateurs de daguerréotypes s'étonnaient de voir « dessinées » toutes les briques d'un mur, parce qu'ils ne pouvaient en concevoir l'achèvement manuel. Et tout est exact : ni oublis, ni ajouts.

On comprend alors que la photographie, qui est une manière de voir particulière, elle aussi régie par des règles non écrites, ait subverti les formes antérieures de documentation, sans toutefois les éliminer.

Elle se substitue à elles, et ce faisant modifie totalement la vision que nous avons du monde environnant. En comparant des photographies des années 1860 et des illustrations des années 1840 (scène de bataille, panorama exotique, façade d'église, groupe ethnique, herbier), on comprend ce qui sépare une vision recréée pour se conformer à des standards, d'une vision universaliste qui s'en remet à la vérité de la machine. La photographie va aussi servir rapidement de substitut au dessin des voyageurs ou des scientifiques pour les illustrations « dessinées d'après photographie » qui ornent la plupart des magazines d'éducation : *Le Monde illustré* en France, l'*Illustrated London News* en Angleterre, *Harper's Weekly* aux États-Unis.

Certes, la vision photographique n'est pas exempte d'individualismes ; et c'est ce qui en fait le sens créatif. Contrairement à une opinion abondamment commentée à l'époque, deux photographes devant un même sujet ne font pas une image identique. Le pouvoir de la photographie est dans ses paramètres de visée : point de vue, distance, longueur focale, sensibilité, temps de pose, format de plaque. Le document photographique, aussi scientifique soit-il, est donc toujours un lieu d'interprétation et de singularité. Socialement, il marque un passage historique du « tout lisible » d'autrefois au « tout visible » actuel ; on commence alors à croire que le monde peut être décrypté en images.

De nombreuses bibliothèques, ou archives, conservent encore, parfois sans le savoir, des « œuvres » photographiques collectées en leur temps pour leur seule valeur d'information. Après un siècle de modifications de la vision, elles retrouvent aujourd'hui leur intelligence originelle.

FRANCIS FRITH (1822-1898)

La Pyramide de Sakkara, 1857

Le «document» photographique n'a, à vrai dire, pas de réel statut esthétique; il est, au bon gré du photographe, une manière de voir une réalité physique, avec ses composantes mentales rendues plus ou moins visibles.

Francis Frith, né dans une famille de quakers, donne une vision très personnelle de l'Égypte, nourrie d'une réflexion sur le destin des sites et des civilisations. Lorsqu'il s'y rend en 1856, il a été précédé par de nombreux voyageurs photographes, et non des moindres, mais il bénéficie de la précision du collodion, et des gradations douces des tirages sur papier albuminé. Il obtient un grand succès grâce à la publication de ses photographies en 1857-1858 par Agnew and Sons, à Londres, et il retourne à nouveau en Égypte en 1859, remontant à la deuxième cataracte. Il ouvre alors son propre atelier de reproductions pour faire face à la demande et conduit une entreprise florissante (Frith and Co qui ne fermera qu'en 1971) de vente de tirages, vues de toute l'Europe, négatifs produits par lui et beaucoup d'autres photographes.

Francis Frith est un victorien fasciné par «la poésie du Proche-Orient», les «mystères de l'Égypte et la désolation moderne de la Palestine», pour des raisons religieuses ou même mystiques. Il est un photographe de la pureté, de la construction, de la mise en place ordonnée, avec ses petits personnages placés souvent à mi-distance pour accompagner le regard vers le monument insolite.

Il pratique son «art» malgré les difficultés techniques dues à la chaleur, «avec distinction», adopte un «sens de la perception» strictement photographique et élève le document construit par le regard, au niveau d'un système du monde.

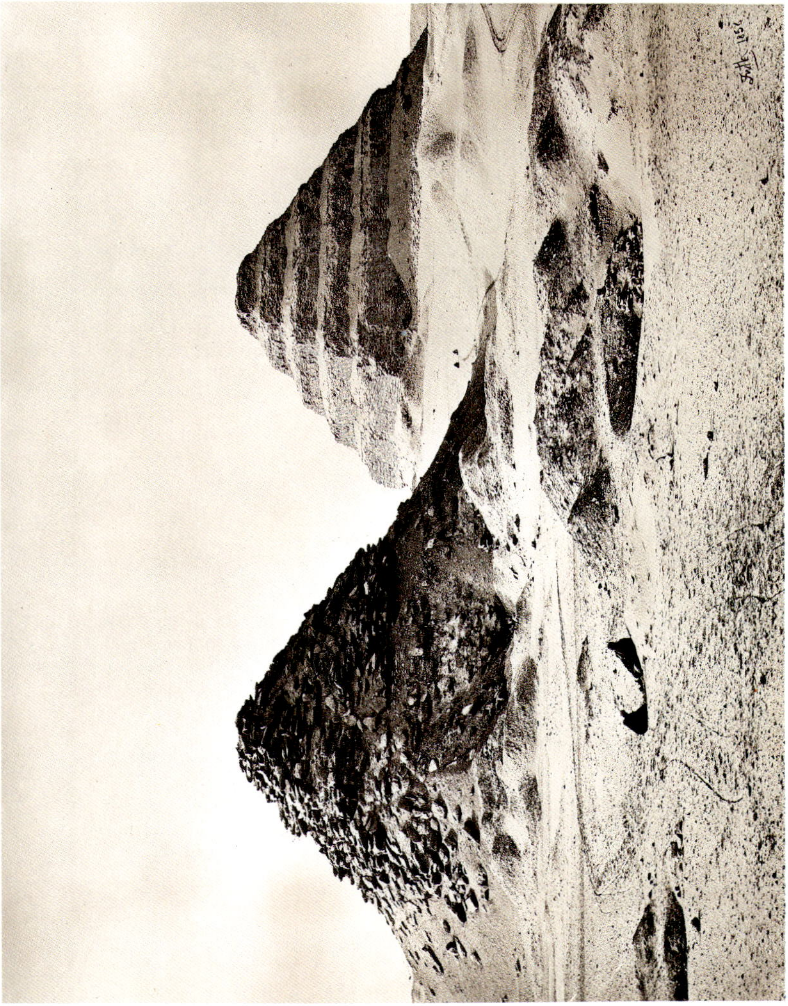

JOHN THOMSON (1837-1921)

Notre interprète Chang, vers 1870

John Thomson publie en 1873 *Illustrations of China and Its People* à l'issue d'un séjour de six ans en Chine et en Extrême-Orient. Son recueil de photographies porte un titre explicite : il s'intéresse à la fois à un pays et à sa population. Attitude rare à cette époque : John Thomson est l'un des premiers photographes à user de sa spécialité en véritable ethnographe, et à l'égard d'une population qui inspire quelque méfiance et peu de sympathie à l'Europe victorienne. Il rend compte par l'image d'une expérience personnelle, raciale, d'une rencontre avec un peuple, ses coutumes, ses objets usuels, son environnement ; il transcrit les multiples aspects de la vie, s'intéresse aux personnages haut placés aussi bien qu'aux individus anonymes.

Dans les paysages - qui développent une vision taoïste de la nature, avec ses plans étagés et sa grandeur immuable - comme dans les scènes animées, John Thomson recherche une unité faite d'éléments regroupés, habilement synthétisés.

Photographe en marge de la vie photographique (il n'expose pas ses photographies dans les manifestations habituelles, il n'est pas membre de la Photographic Society), il est avant tout un explorateur qui se sert d'un procédé pour rendre compte par l'image et cherche plutôt la reconnaissance de la Geographic Society.

Après son retour en Angleterre, son intérêt ethnographique se porte sur ses compatriotes, dont il publie les premières images « naturalistes » (petits métiers, gens du commun dans les rues de Londres) dans l'ouvrage *Street Life in London* (1877-1878).

Quelle que soit sa fonction sociale, le sujet se voit toujours conférer une dignité par l'image, suffisamment autoritaire pour être définitive.

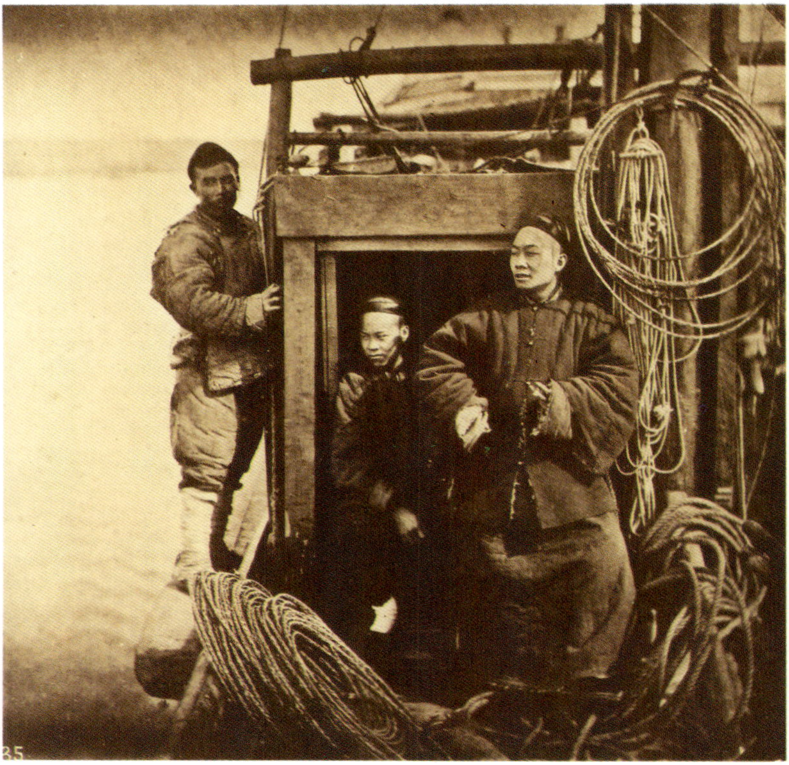

35

SAMUEL BOURNE (1834-1912)

Paysage de l'Himalaya, 1863

Comme Francis Frith et John Thomson, Samuel Bourne fait partie de ces nombreux Britanniques hantés par le goût du voyage lointain et exotique. Il part naturellement pour l'Inde en 1864, mais participe rapidement à des expéditions dans l'Himalaya. Il fonde la firme Bourne and Sheperd qui se spécialise dans les vues de l'Inde (villes, monuments, traditions, commerces, industries) à l'intention de la colonie britannique, et rentre en Grande-Bretagne en 1870 pour devenir lui-même un industriel du coton.

Son engagement photographique, dans des régions d'accès difficile qui nécessitent des dizaines de coolies pour le transport du matériel, n'est qu'un aspect de sa volonté d'atteindre à l'inaccessible et à l'idéal. L'attitude personnelle dans l'effort physique se double d'une attitude esthétique, d'une constante qualité photographique dans les nuances de gris, dans la finesse du tirage, dans la transcription de l'atmosphère, de la distance.

«My object was purely pictorial»: «pictural» et «pur» sont les adjectifs qui conviennent à ces étagements de plans subtils, d'effets raffinés mais stables, qui semblent attendre le photographe, de toute éternité, pour qu'il en donne une vue unique, incontestable et intemporelle.

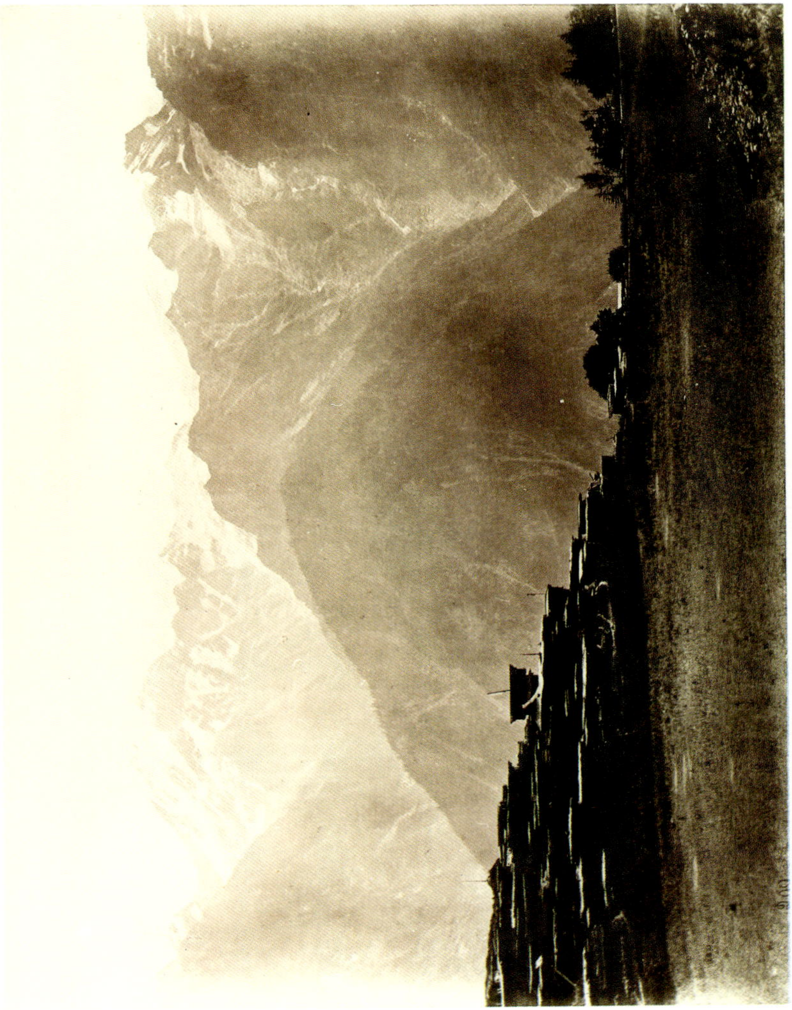

BISSON FRÈRES (1814-1876 et 1826-1900)

La Crevasse sur le chemin du grand plateau, mont Blanc, 1861

Le mont Blanc, « farouche et seul, emprisonné dans le cadre étroit d'une planche photographique ». Théophile Gautier définit bien le compromis apparent des toutes nouvelles vues des Alpes qui font sensation dans les années 1860 – rapprocher les contraires, traduire le sublime de l'immensité dans la médiocrité d'un petit format. Pourtant, les photographies sur verre au collodion de Louis-Auguste et Auguste-Rosalie Bisson (ici : 44 x 54 cm) sont parmi les plus grands formats de l'époque (ils sont loués pour cette spécialité et sont célèbres pour un cliché du Louvre de 120 x 77 cm).

Daguerréotypistes dès 1841, photographes virtuoses de l'architecture, avec un professionnalisme inégalé, les frères Bisson ont laissé une œuvre variée et parfois inattendue. La nouveauté les attire, l'effort volontaire, l'exigence des limites techniques les incite à vaincre la nature. Leur première ascension du mont Blanc en 1860, lors d'un voyage de l'empereur et de l'impératrice, sera photographiquement ratée, mais Auguste-Rosalie Bisson, « Bisson jeune », rapportera beaucoup de clichés réussis des deux « ascensions photographiques » de 1861 et 1862, bien qu'il n'ait pu finalement opérer sur le sommet de la montagne.

Le goût du risque, de l'inconnu, de lieux vierges et inaccessibles, conduit les hommes du Second Empire vers la mer, la forêt ou la montagne. La prouesse personnelle s'accompagne naturellement d'une gageure technique : comme photographier par les plus grands froids avec des produits gélifs, transporter (avec vingt-cinq guides et porteurs) le matériel de verre et les chambres noires sur la glace; le goût de la conquête s'applique à toutes les limites : photographique, esthétique, géographique. La photographie, l'un des principaux apports du « progrès », se doit d'être à la pointe de tous ces défis à la Jules Verne pour montrer le « jamais vu », ce qui demeure inaccessible au regard.

Les petits personnages noirs donnent l'évaluation de la difficulté, l'échelle de la démesure, et font ressentir aussi la qualité du blanc omniprésent. C'est finalement une leçon de romantisme par l'image, qui porte « la trace des révolutions antérieures : ce ne sont que cratères, soulèvements, abîmes, ruines, déchirures ; c'est la peau rugueuse de l'astre, l'épiderme de la planète » (Théophile Gautier).

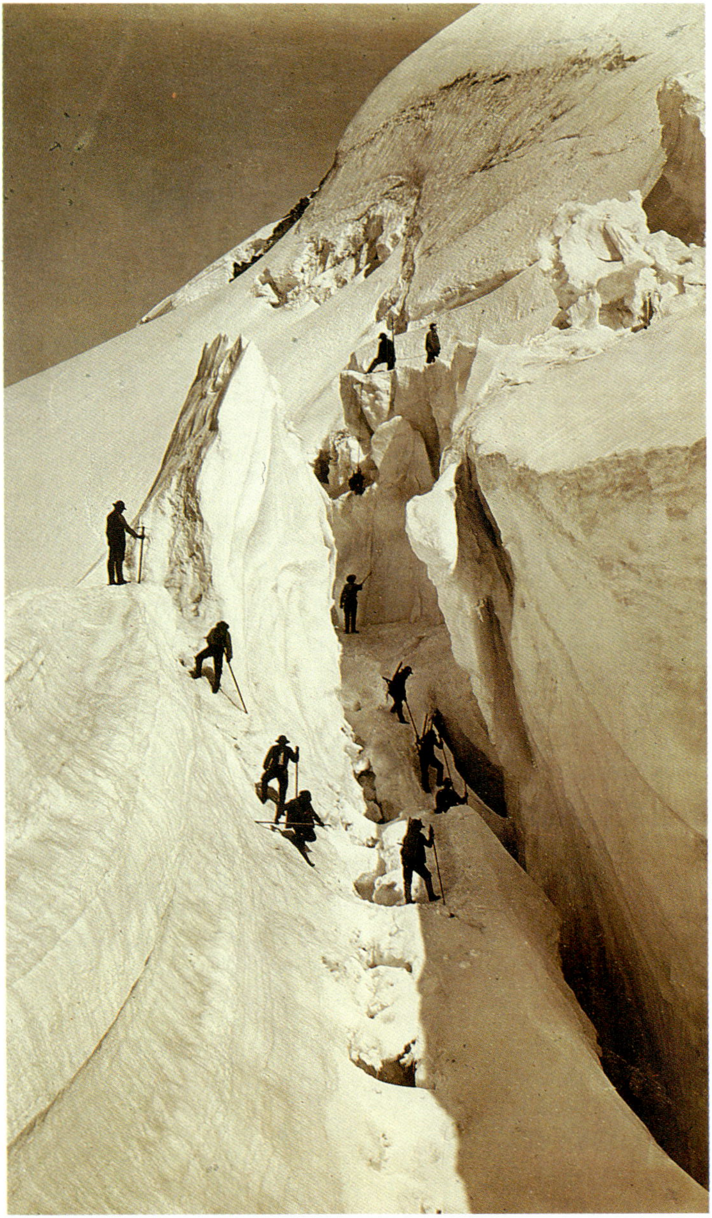

ANDREW J. RUSSELL (1830-1902)

East and West Shaking Hands
(Poignée de main entre l'Est et l'Ouest), 10 mai 1869

Après le désastre de la guerre civile, la République américaine de la fin des années 1860 se construit en s'ouvrant au commerce, à la navigation, à l'industrie. Des voies nouvelles sont tracées pour pénétrer le continent sur toute son étendue et le chemin de fer avance à un rythme forcené. Ce n'est plus la rivalité entre le Nord et le Sud qui se concrétise, mais la concurrence économique entre l'Est, centre décisionnaire, et l'Ouest, paradis des richesses naturelles. Dans la course au progrès technologique, deux compagnies de chemin de fer s'affrontent : l'Union Pacific Railroad et la Central Pacific Railroad, construisant chacune de leur côté, le plus vite possible, les tronçons qui vont se rejoindre. Le point de jonction, enjeu politique, a fait l'objet d'une délibération du Congrès : ce sera Promontory Summit, et l'événement aura lieu le 10 mai 1869. Chaque détail a été réglé, y compris la pose du dernier rail. Le photographe, aux États-Unis, est un participant obligé de toute l'aventure des chemins de fer et les compagnies s'attachent officiellement ses services, comme le font aussi les entreprises de relevés géographiques lancées par l'État (King's Survey, Hayden Survey).

A.J. Russell, peintre et photographe, a été au service de l'U.S. Military Railroad pendant la guerre civile, puis est employé par l'Union Pacific ; il participe plus tard à la King's Survey. Lorsqu'il « traite » le chemin de fer, il documente tout ce qui touche à la vie des ouvriers, aux paysages traversés, aux villes proches, aux travaux géologiques, aux curiosités naturelles. En 1869, il publie *The Great West Illustrated in a Series of Photographic Views Across the Continent.* Tout dans cette image est composé, pour constituer une allégorie de la rencontre humaine, d'un face à face étonné qu'harmonise malgré lui le photographe médiateur, sous le contrôle de la puissance technologique.

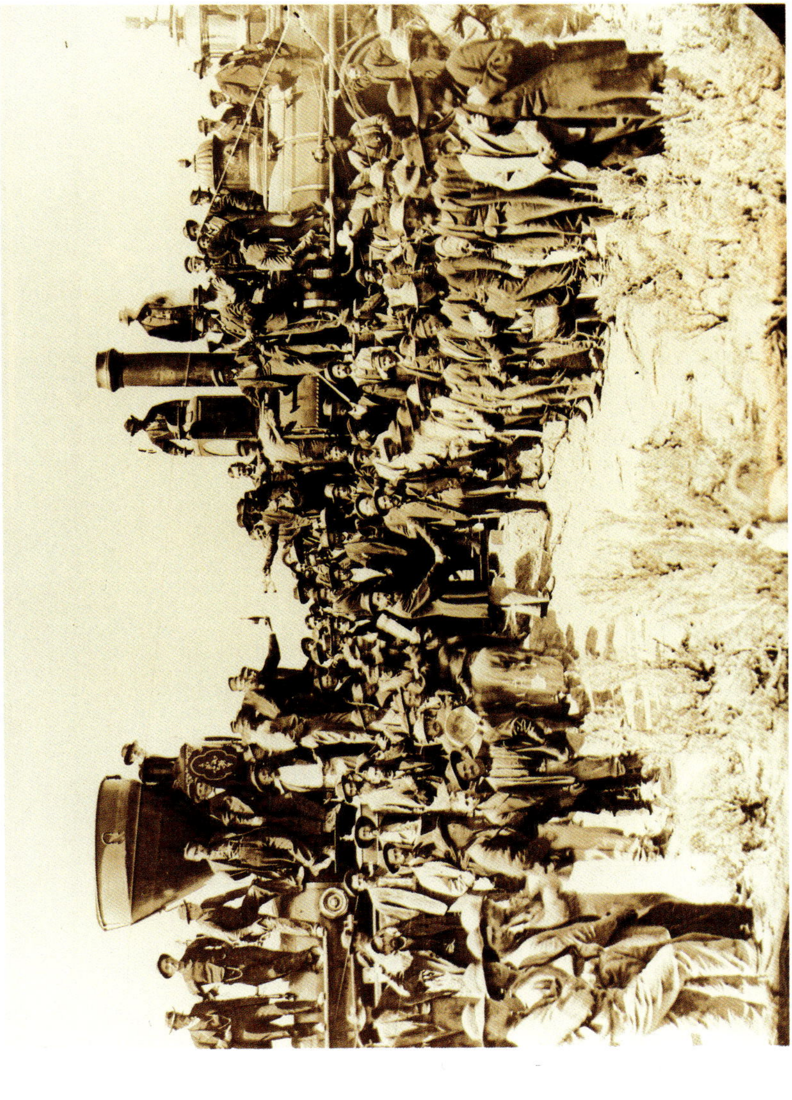

CARLETON E. WATKINS (1829-1916)

Californie, vers 1870

Watkins est aussi un photographe hors du commun : inventeur de formes, promoteur du « document d'art » - un genre de photographie qui évoque la nature avant l'apparition de l'homme, une tournure d'esprit qu'il doit certainement à l'influence des photographies d'Égypte de Frith. Lorsque Watkins se rend pour la première fois dans la Yosemite Valley en 1861, il a de quoi être fasciné par le primitivisme du lieu, totalement vierge, chaotique, inhospitalier, impénétrable et d'une démesure hautaine. Il l'aborde avec de grandes plaques de verre enduites de collodion, les « mammoth plates », pour lesquelles il met au point une chambre spéciale. Il étonne ses contemporains en faisant transporter un énorme matériel à dos de mule, dans les régions les plus éloignées, où il n'y a jamais eu de sentier. Watkins est spécifiquement un « paysagiste » mais il faut comprendre ce que ce mot recouvre de préoccupations plus géologiques que picturales pour un artisan formé en Californie. La peinture de paysage réaliste et non idéalisée n'est pas encore un genre de référence, surtout aux États-Unis. La photographie « de paysage » s'invente un territoire, une typologie et des règles où la science des matériaux, la botanique et la topographie jouent le plus grand rôle (à ses débuts à San Francisco, Watkins fournissait des photographies topographiques pour servir au partage et à la gestion des terres). En 1867, il y ouvre sa Yosemite Art Gallery pour vendre ses tirages unanimement loués. On doit ainsi à Watkins les plus hiératiques vues de la Yosemite Valley, où la paroi d'El Capitan émerge de la forêt comme un monument antique.

Mais son intérêt pour la botanique le conduit également à exécuter régulièrement des « portraits d'arbres », nommés en latin, répondant sans doute à une systématique scientifique mais empreints également d'une symbolique picturale qui est aussi celle du *Chêne de Flagey* de Gustave Courbet : force, protection, expansion, pérennité de la nature sur l'homme.

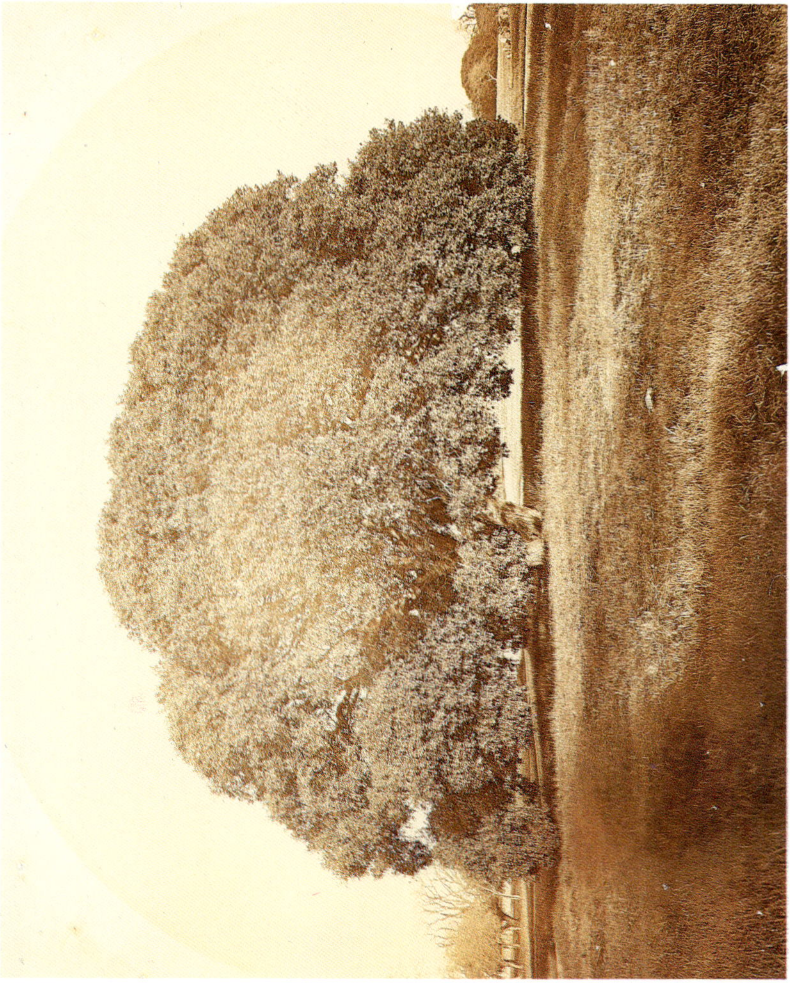

EADWEARD J. MUYBRIDGE (1830-1904)

Falls of the Yosemite, 1872

Anglais venu en Californie en 1851, Muybridge pourrait faire figure d'imitateur s'il n'apportait au paysage américain une vision très personnelle qui contraste avec celle de ses prédécesseurs, Watkins et Weed. C'est, en effet, en 1867 qu'il se rend dans la Yosemite Valley, dans le but de dépasser les effets photographiques obtenus par Watkins, et qu'il place sa chambre noire devant les mêmes sites, et parfois sur le même rocher. Libraire, marchand de photographies à San Francisco, il retourne en Angleterre de 1860 à 1867, où il voit certainement des œuvres de Frith et Bedford. Sous le nom d'Helios, muni de son laboratoire ambulant *(flying studio),* il pénètre plus avant dans la vallée et utilise un cache devant le ciel pour obtenir une image non surexposée des nuages; nuages qui deviendront le seul sujet de certaines de ses photographies. Muybridge, par rapport à Watkins et pour un même sujet, accentue les contrastes d'ombre et de lumière en choisissant un moment différent, il recherche les effets dramatiques au lieu d'une force paisible, les dégradés plus lisibles, les formes claires et abstraites, les éclairages saisissants qui donnent à la nature une allure inquiétante complétée par l'insolite clair-obscur des nuages, peu fréquents dans la photographie de l'époque. De petits personnages placés « à l'anglaise » comme chez Frith accentuent cette impression d'irruption de monstres géologiques au-dessus de frêles arbustes. De Watkins, on peut penser qu'il est le sage de la nature, le philosophe interrogeant la perfection divine; de Muybridge, qui aurait peut-être collaboré avec le peintre paysagiste Bierstadt, on a dit qu'il était le romantique, le baroque, le photographe des paradoxes.

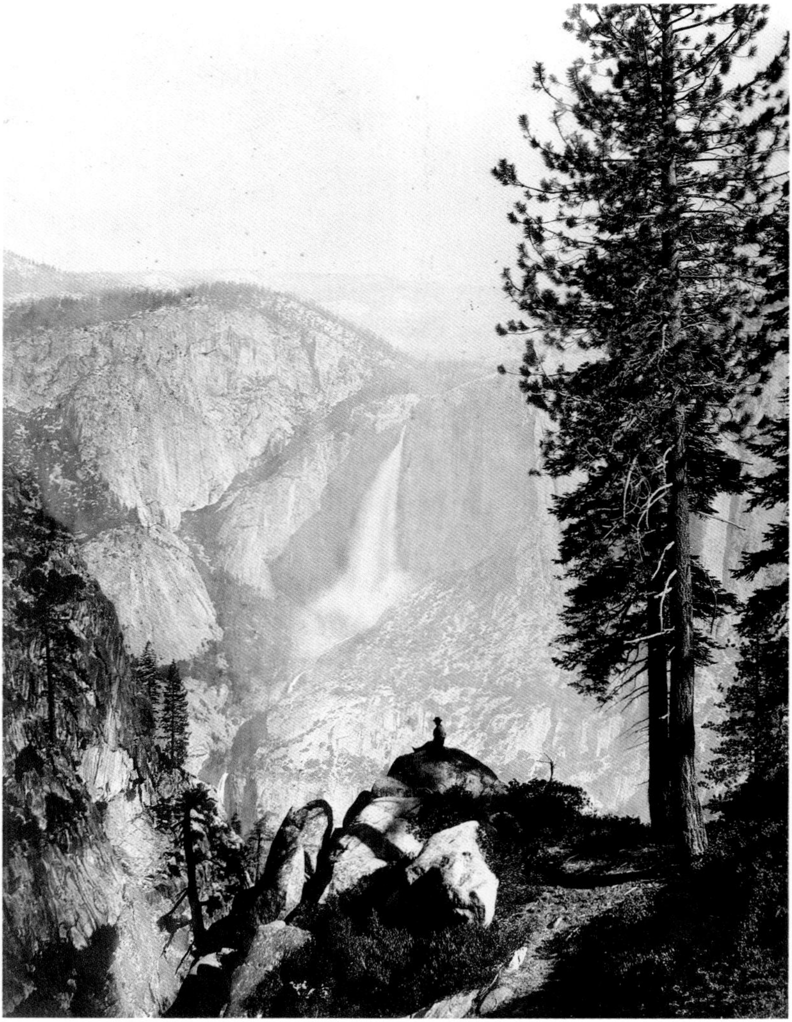

ADOLPHE BRAUN (1812-1877)

Sans titre, vers 1854

Avant d'être un ardent propagateur de vues de monuments et surtout le spécialiste de la reproduction d'œuvres d'art (des milliers de plaques dans tous les musées d'Europe), Adolphe Braun avait commencé sa carrière de photographe par une orientation typiquement régionaliste. Dessinateur de motifs pour étoffes, il a l'idée de fournir à ses collègues alsaciens spécialisés dans ce travail des modèles de fleurs très variés, faciles à consulter et à reproduire, et d'une parfaite vérité botanique. C'est pour cette raison qu'il entreprend ses séries de « Fleurs photographiées » (trois cents planches, 1854-1856), « collection d'études destinées aux artistes qui emploient les fleurs comme élément de décoration ». De grand format (jusqu'à 40 x 50 cm), d'une technicité remarquable, ses planches n'ont toutefois rien de l'herbier ou de la description scientifique. C'est d'« art » qu'il s'agit au sens où les arts (appliqués) sont la grande novation du Second Empire (une exposition des beaux-arts appliqués à l'industrie a lieu en 1863 et des écoles de dessin ouvrent dans toute la France) ; le photographe anticipe sur l'apparition des « grammaires de l'ornement » fondées sur l'étude de la nature (Ruskin) qui conduiront par exemple à l'Art Nouveau (Eugène Grasset, *La Plante et ses applications ornementales,* 1896). Ses fleurs valurent d'ailleurs à Braun une médaille d'or à l'Exposition universelle de 1855 à Paris où sont louées ses nuances de bruns aussi subtiles que de vraies couleurs. La séparation entre le beau et l'utile n'est pas celle que nous ferions aujourd'hui, et le goût du travail parfait peut cacher d'autres ambitions. Modèles pour le dessin au sens où toute la grâce, la fraîcheur des fleurs sont conservées, il s'agit aussi d'œuvres, de compositions, dont la spontanéité, propre à la photographie et renouvelée pour chaque arrangement et chaque variété de fleurs, peut rivaliser avec les stéréotypes de la peinture, plus accumulatifs que sélectifs.

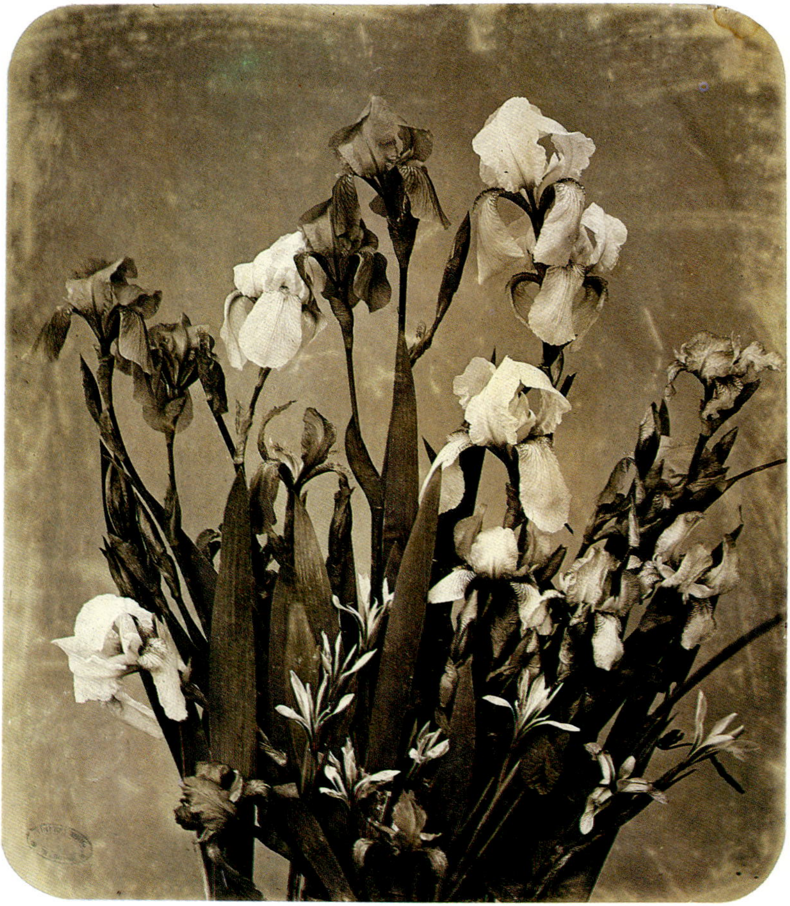

CHARLES MARVILLE (1816-1878)

Impasse des Bourdonnais, Paris, années 1860

Si Charles Marville pouvait s'intituler « photographe de la ville de Paris », ce n'est pas seulement pour une raison administrative, mais parce qu'il pouvait revendiquer comme «œuvre» le travail documentaire qu'il a effectué pendant presque deux décennies sur la ville, « la plus splendide et la plus salubre des capitales d'Europe » (Napoléon III, 1866). Paris était aussi la ville qui avait connu le plus de remaniements, destructions et constructions en un minimum de temps, depuis que le baron Haussmann, nommé préfet de Paris en 1853, avait reçu pour mission de transformer la vieille cité en une ville moderne, ordonnée, aux voies de circulation rapides, propre et dotée de parcs périphériques : bois de Boulogne, parc des Buttes-Chaumont, avenue de l'Opéra, Grands Boulevards.

Les remodelages d'Haussmann, suggérés par l'empereur, dans le Paris coloré de Balzac et Hugo, n'allèrent pas sans excès et afflictions à l'encontre de la « mélancolique beauté d'un passé révolu » ; mais, «document authentique» censé conserver une parcelle de ce qui sera perdu, la photographie adoucit les effets de ces destructions irréversibles. Charles Marville est déjà, au début des années 1850, un photographe professionnel d'architecture (il a édité une centaine de photographies chez Blanquart-Évrard). Sa « campagne photographique », commencée vers 1858 et menée pendant plus de dix ans, enregistre les modifications apportées au complexe urbain, et les anticipe ; Marville semble avoir, en effet, suivi un plan de commande, en prévision des sites soumis à destruction. Il travaille d'ailleurs en liaison étroite avec la Commission des travaux historiques, à une époque où la diffusion de tirages photographiques apparaît encore comme le moyen idéal de documentation, « pour retracer, aux yeux des Parisiens de l'avenir, la physionomie intime de la vieille cité ». C'était attribuer à la photographie un rôle de résurrection archéologique qu'elle ne pouvait totalement satisfaire.

Constituée de plusieurs centaines de vues, l'œuvre parisienne de Marville est un ensemble construit (complété aussi par des clichés du mobilier urbain : kiosques, lampadaires...) d'unités articulées, un travail en progression où se formalise une vision harmonisée du vieux Paris. Charles Marville photographie la rue en tant que tracé interrompu, privilégie les points de fuite contrariés, et conduit le regard vers un butoir qui caractérise le fouillis parisien. Opérant souvent sans soleil, amateur de jour tamisé et de pavés luisants, il ne se conforme pas à l'idée d'un passé admirable et regretté ; il interroge le vide de l'espace déserté, bordé de pittoresques murailles, et fait le portrait séduisant et rêveur de l'âme des rues.

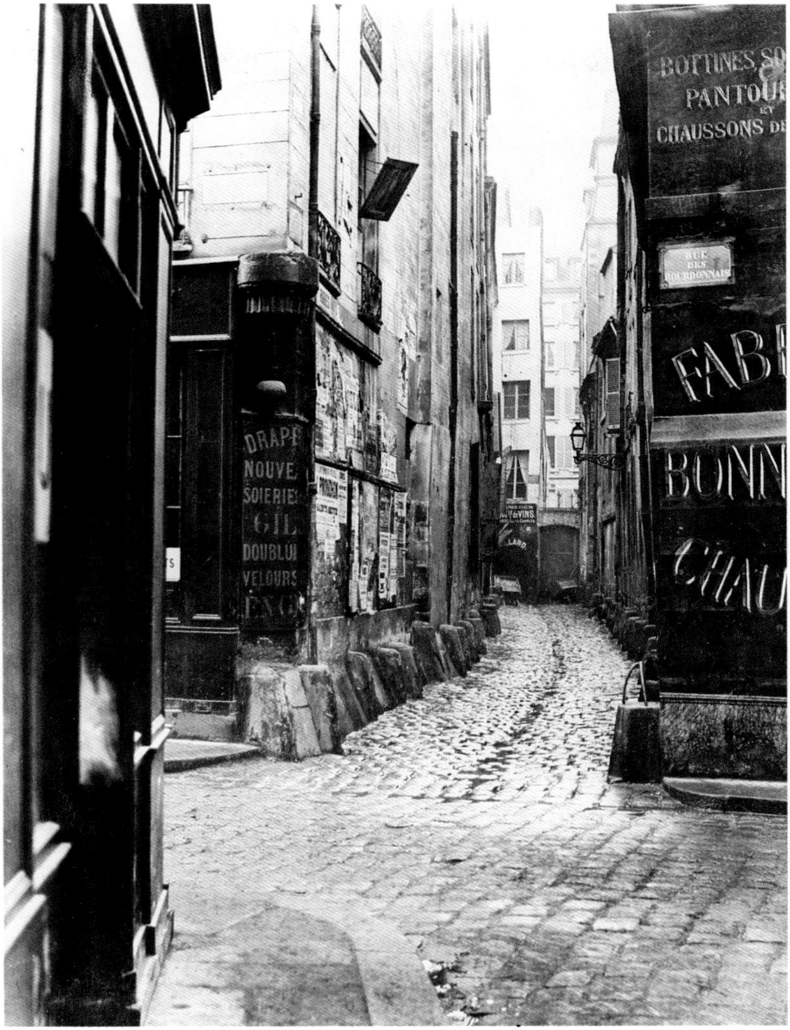
BOTTINES, SO
PANTOU
ET
CHAUSSONS DE
RUE DES BOURDONNAIS
FAB
BONN
CHAU
DRAP
NOUVE
SOIERIES
GIL
DOUBLU
VELOURS

ÉDOUARD-DENIS BALDUS (1813-v. 1890)

Gare de Toulon, extrait de l'« Album des chemins de fer de Paris à Lyon et à la Méditerranée », 1859

En son temps, Baldus était déjà considéré comme un grand maître de la photographie, particulièrement dans ce domaine de prédilection que fut l'architecture. Né en Westphalie, venu vraisemblablement à Paris pour étudier la peinture, il a apporté à la photographie une vision généreuse et ample que le critique Ernest Lacan (1855) commentait ainsi : « M. Baldus a le secret des grandes perspectives et des lointains horizons. Son objectif embrasse des espaces que l'œil peut à peine mesurer. » Passant de la technique du calotype à celle du collodion sur verre, dans lesquelles il excelle indifféremment, toujours en grand format, il est dans les années 1850 le type même du photographe professionnel reconnu, à qui vont les commandes publiques les plus innovatrices (son atelier compte une douzaine de personnes en 1856). Lancé par son succès dans la Mission Héliographique (1851), il entreprend ensuite une série de vues de monuments de Paris, est choisi pour photographier les sculptures et ornements du nouveau Louvre de Lefuel qui joint l'ancien palais aux Tuileries (1854-1856), « documente » l'itinéraire de chemin de fer Paris-Boulogne emprunté par la reine Victoria en 1855, et renouvelle une semblable « campagne » avec l'*Album des chemins de fer de Paris à Lyon et à la Méditerranée* en 1859 (plus de soixante-dix photographies). Il y montre les monuments historiques des villes traversées, les gares, les ponts et autres « ouvrages d'art » du progrès industriel, les sites ouverts au voyageur par la grande percée rapide Nord-Sud. La toute nouvelle « gare de Toulon », en fer et verre, présentée comme une halle du futur, trône majestueusement comme un objet de vénération, dans une pureté de lignes renforcée par la modestie de son environnement. Baldus fonde ici l'alliance de la photographie et de la technologie, en donnant de l'expansion économique et scientifique une vision « écologique » harmonieuse et consentie qui anticipe de vingt ans sur l'impressionnisme ; il ouvre aussi à la photographie le champ documentaire des grands travaux qu'illustreront Collard, Durandelle et bien d'autres à l'étranger.

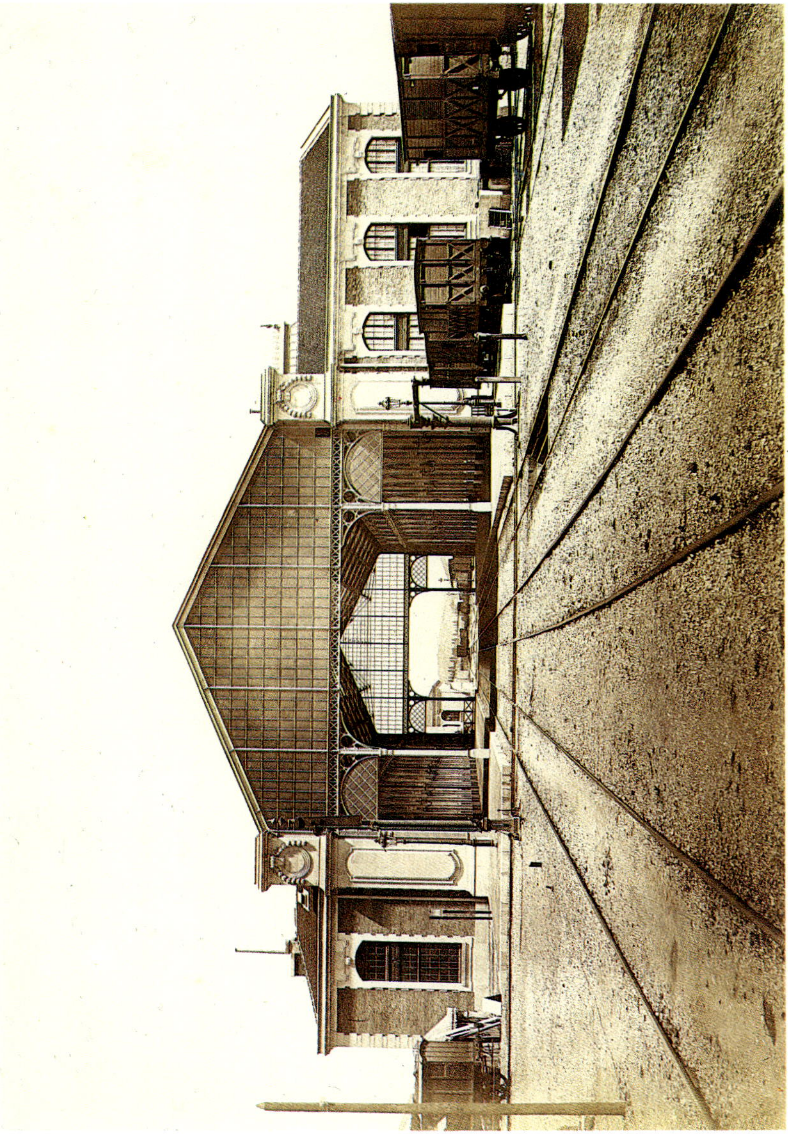

LOUIS-ÉMILE DURANDELLE (1839-1917)

Construction du Comptoir d'Escompte, intérieur de la verrière, Paris, 1881

Associé au début de sa carrière avec Delmaet (décédé en 1862), le photographe Durandelle était perçu jusqu'à nos jours comme un bon artisan documentaire. Il payait sans doute là son attachement à l'architecture de son temps, souvent décriée et incomprise : l'Opéra de Paris (toutes les phases de construction et l'ornementation), le Sacré-Cœur, la Tour Eiffel, le Comptoir d'Escompte. Par suite d'une revalorisation de ces monuments, il apparaît aujourd'hui comme un photographe « engagé », aux côtés des architectes et ingénieurs, dans l'exaltation des nouveaux matériaux (le fer), des techniques d'édification, ou simplement du projet esthétique global. Par une technique irréprochable mais certainement peu orthodoxe, il favorise les paramètres qui « conservent le parallélisme des lignes plutôt que la netteté absolue de toutes les parties ». Proche de la conception architecturale qu'il comprend comme une progression ascensionnelle et non comme un résultat formel, il voit partout des entremêlements complexes ou des soutènements puissants. Durandelle semble adhérer à une vision wagnérienne de l'architecture, épique, nourrie de cathédrale-forêt gothique, de croissance végétale et de stabilité rocheuse. Il replace toujours l'homme dans cet environnement technologique et s'ouvre à l'espace, porteur de la lumière des âges. Cette photographie de la charpente-verrière du Comptoir d'Escompte, qui soutient un plafond-vitrail fleuri, si elle est un document d'ingénieur, laisse aussi transparaître l'adhésion à une philosophie. La révolution photographique conforte la révolution architecturale.

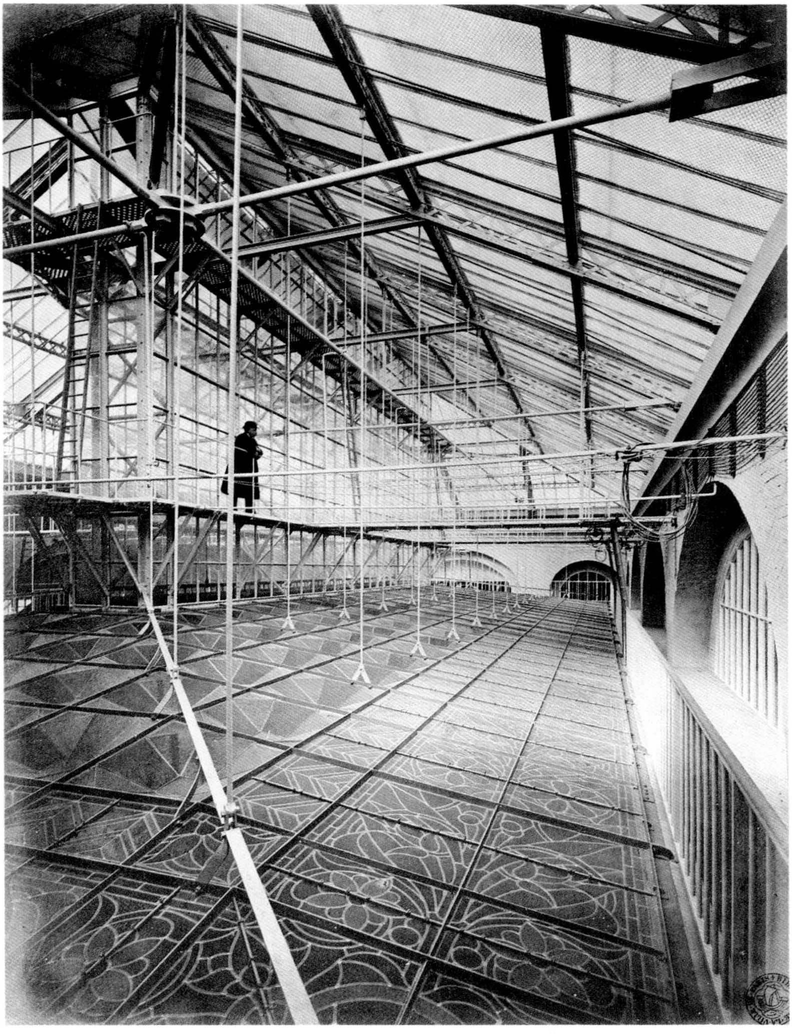

AUGUSTE COLLARD (av. 1840 - ap. 1887)

Aqueduc de la Vanne, forêt de Fontainebleau, vers 1869

En même temps qu'apparaît la photographie, les années 1840 marquent un tournant dans la technique architecturale avec l'extension rapide des chemins de fer et la mise en place de réseaux de circulation: canaux, aqueducs, routes. Le pont en est la manifestation prépondérante, une sorte de symbole du progrès sous le Second Empire. Collard semble avoir été assez spécialisé dans la photographie d'architecture. Il se donne le titre de « Photographe des Ponts-et-Chaussées », liant sa publicité à une administration puissante, maître d'œuvre de l'expansion économique. L'Exposition universelle de 1855 a donné une impulsion aux arts et à l'industrie dont profite la photographie.
Par ailleurs, les présentations qui ont lieu dans d'autres expositions industrielles, en France ou à l'étranger, nécessitent la constitution d'albums des grands travaux entrepris ou achevés. Ces albums iront d'ailleurs ensuite compléter le fonds documentaire de l'école des Ponts-et-Chaussées, qui non seulement récolte le maximum de documents photographiques, mais passe aussi des commandes et organise un enseignement de photographie pour les élèves, dès 1857 (confié à Louis Robert, puis à Alphonse Davanne). Les travaux haussmanniens et l'alimentation en eau de Paris ont nécessité la construction de ponts et aqueducs qui paraissent être une spécialité de Collard : on connaît de lui le *Pont Saint-Michel* (1857), *Travaux du pont de Solférino* (1860), *Pont Louis-Philippe* et *Pont Saint-Louis* (1863), *Ponts de Paris construits et reconstruits depuis 1852* (Exposition de 1867), l'*Aqueduc de la Vanne* (vers 1869), *Ouvrages d'art du chemin de fer de la grande ceinture* (1880). Davanne disait préférer les professionnels qui produisent des photographies « présentant un cachet d'intérêt spécial qui fait juger, au premier coup d'œil, le point intéressant et le but cherché ». Collard est de cette catégorie d'artisans, qui sait placer sa chambre noire en un point où l'« ouvrage d'art » prend toute sa signification technique dans le paysage environnant et y inclure un personnage qui donne sa mesure à la chose vue. Mais il confère aussi à ses mastodontes de pierre ou de fer une allure d'objet d'art fignolé, bien avant que les impressionnistes eux-mêmes s'intéressent à ces nouveaux monstres esthétiques.

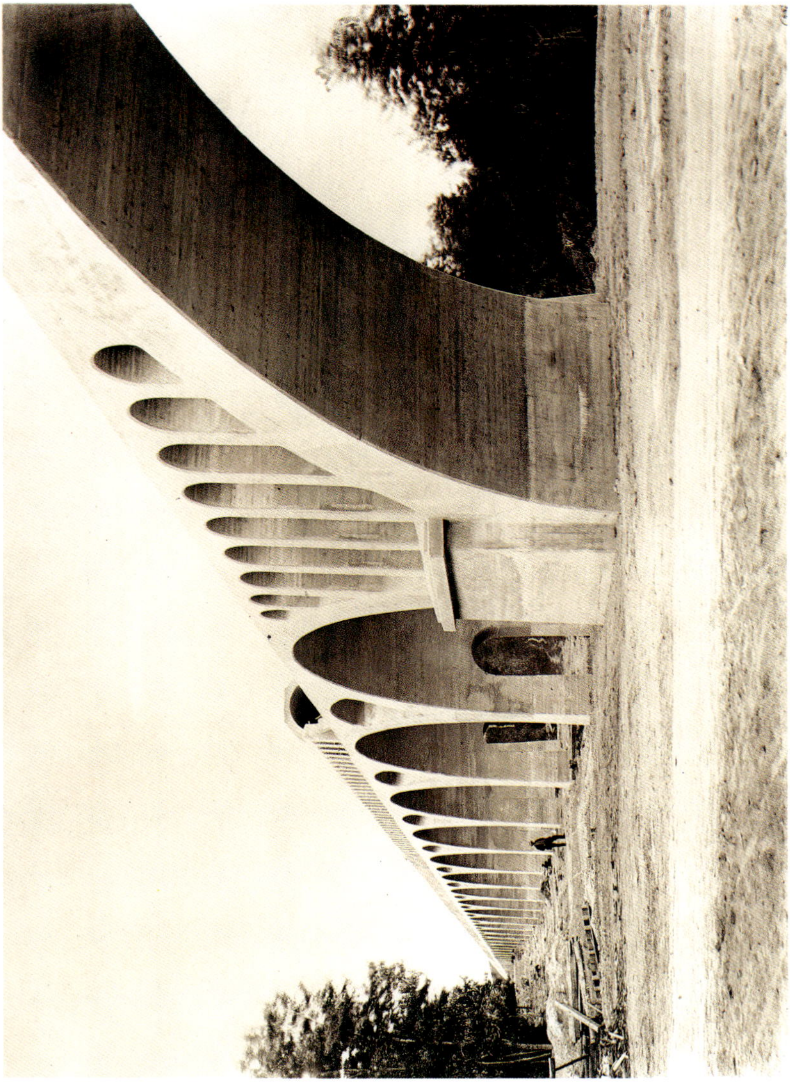

Planche obtenue selon les procédés de gravure héliographique d'Abel Niépce de Saint-Victor,

in L. Rousseau et A. Devéria, la «Photographie zoologique», 1853

Aide naturaliste au Muséum d'histoire naturelle, Louis Rousseau fut un des premiers à faire de la photographie un moyen de documentation particulièrement adapté à la précision descriptive des sciences naturelles. Lorsqu'il envisage la publication de la *Photographie zoologique* avec Devéria en 1853, avec de vrais tirages (fournis par Bisson frères), il prend conscience que la stabilité des images n'est pas suffisante pour légitimer une telle entreprise. Il opte alors pour le tout nouveau procédé de gravure héliographique sur acier de Niépce de Saint-Victor. Cousin éloigné de Nicéphore Niépce, il a retravaillé les procédés suggérés par son aïeul, en formant une image photographique en creux, sur acier, qui est encrée comme une planche de gravure et tirée avec des encres très stables comme toute autre gravure. Pour cela, il enduit la plaque de bitume de Judée (produit utilisé par Nicéphore) et l'expose à la lumière sous un tirage positif sur verre de la photographie à reproduire; le bitume impressionné et devenu insoluble à l'endroit des blancs de l'image protège la plaque contre la morsure de l'acide qui creuse l'emplacement des noirs. Ce procédé fut le premier - réellement efficace - d'une longue lignée de «procédés photomécaniques», domaine de recherche soutenue pendant tout le XIXe siècle car il est destiné à donner à l'image photographique une pérennité absolue et une diffusion décuplée. Poitevin est aussi l'un de ces techniciens inventifs, auquel on doit la lithophotographie (procédé de transcription des dégradés photographiques sur une pierre lithographique par l'intermédiaire de la gélatine bichromatée); Charles Nègre, Édouard-Denis Baldus, et bien d'autres travaillent aussi cette question primordiale.

Cette image de la publication de Rousseau et Devéria (qui sous sa forme héliogravée ne comprendra que dix-huit planches) est un premier pas vers l'usage intensif de la photographie pour la collecte de données scientifiques essentiellement visuelles; c'est une reconnaissance de son efficacité à laquelle s'adjoint la permanence pigmentaire pouvant assurer la conservation de chaque détail signifiant de l'image. Le principe global de l'héliogravure (gravure en creux) est encore en usage pour l'édition de certains livres de photographies.

PHOTOGRAPHIE ZOOLOGIQUE Publiée par L. ROUSSEAU et A. DEVÉRIA. PL. II.

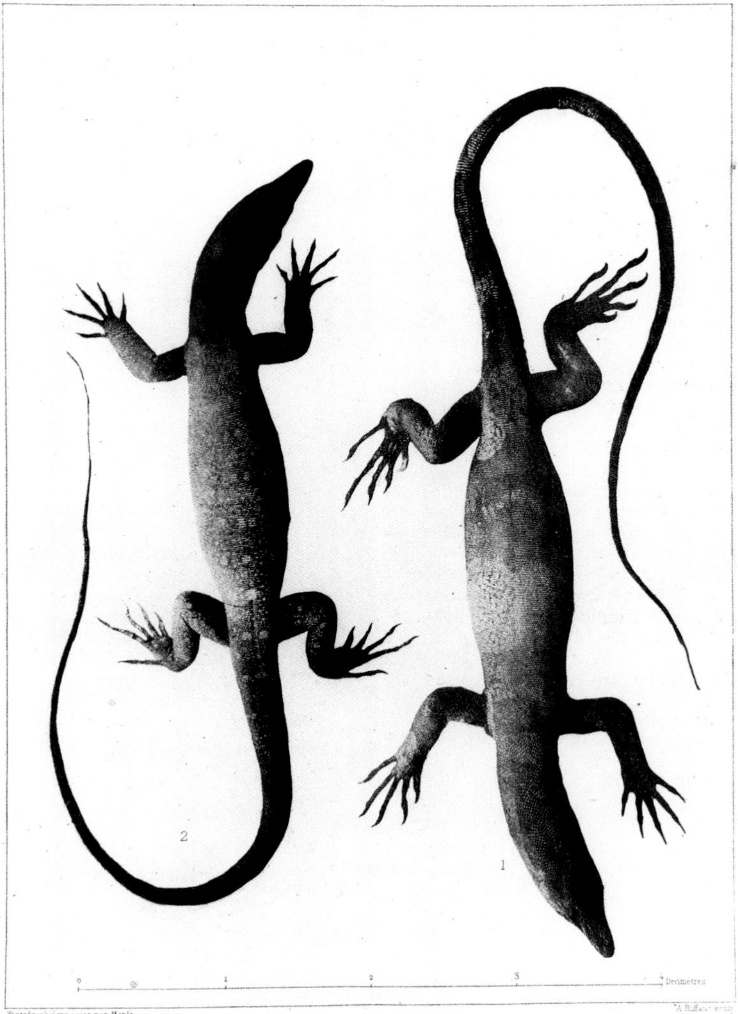

Photographié sur acier par Manie — A. Riffaut sculp.

REPTILES, Famille des VARANIENS, Genre VARAN. Merrem.

1. VARANUS Bellii, Duméril et Bibron, Hist. des Reptiles, tom. 3. p. 493. (Varan de Bell)
2. id. Varius, Merrem. Duméril et Bibron, Hist. des Reptiles, tom. 3. p. 491. (Varan Bigarré)

} Nouv. Hollande J. Verreaux 1847

AUGUSTE ADOLPHE BERTSCH (? - 1871)

Appareil phosphorescent du ver luisant, vers 1855

« Petit et tout sec pour indiquer qu'il est quelque peu cassant, Bertsch qui le premier appliqua la photographie à la micrographie et à la mégalographie, [est] aussi précis et minutieux sous la planète que l'insecte microscopique. » Ainsi le décrit Nadar dans sa mansarde de la rue Saint-Georges ; c'est un personnage singulier, un scientifique de la photographie qui n'a de cesse de mettre au point des méthodes nouvelles pour traquer l'invisible.

Il est l'auteur de microphotographies particulièrement précises dès 1853 (Talbot en aurait fait dès 1839, mais dans ce domaine la netteté est essentielle) ; il invente aussi des chambres noires spéciales de petit format, des méthodes d'agrandissement qui ne seront adoptées que vingt ans plus tard, et recherche l'instantanéité (un quart de seconde en 1855 est une réussite) pour les micro-organismes mobiles.

Très remarqué à l'Exposition universelle de 1855, il montre en marge du Salon de 1859 des agrandissements de 600 fois, si étonnants « qu'on ne pourrait, par aucun autre moyen de reproduction, fixer avec autant de fidélité ces fugitives images » (Louis Figuier).

Les planches de Bertsch, très fines et contrastées, presque esthétisantes, si elles nous paraissent aujourd'hui ordinaires, supposent toutefois une grande technicité et une volonté paradoxale de faire apparaître à la vue - et à l'échelle humaine, à travers la virtualité de l'optique - des images réelles de l'invisible (microscope, télescope).

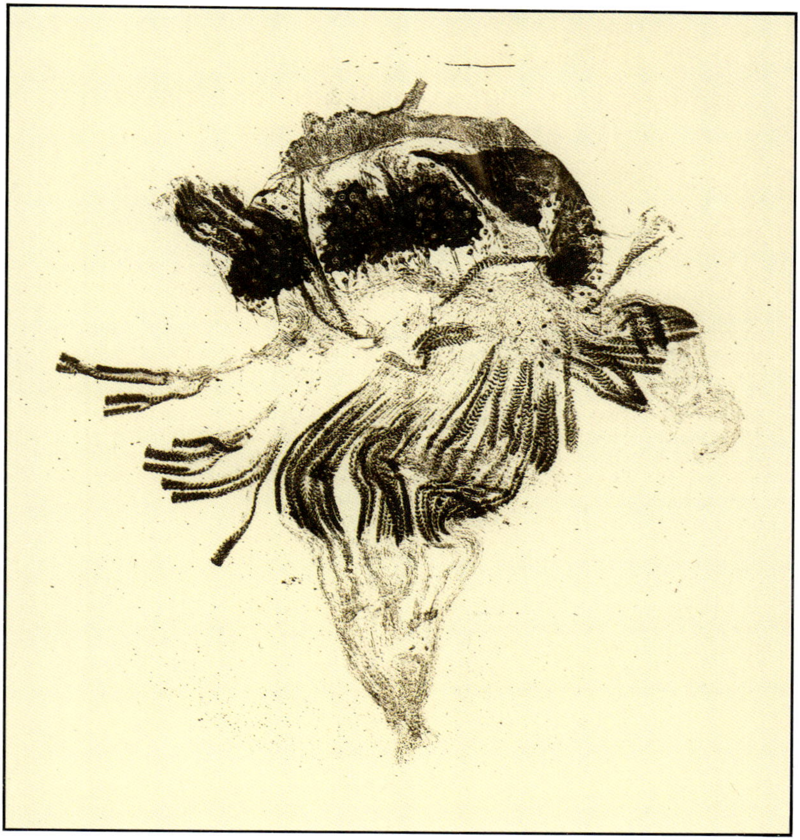

GUILLAUME DUCHENNE DE BOULOGNE (1806-1875)

Mécanisme de la physionomie humaine..., 1862

Au milieu du XIXe siècle, un dialogue naturel entre la science et l'art s'est instauré – souvent d'ailleurs par l'intermédiaire de la photographie – qui tente de combiner ces deux orientations. Lorsqu'il n'était pas encore photographe, Nadar avait poussé son jeune frère Adrien Tournachon dans cette nouvelle voie, sous la houlette de Le Gray. En 1853, Adrien eut à seconder, par son savoir-faire photographique, le Dr Duchenne de Boulogne, physiologiste spécialiste de l'application de l'électricité à la motricité musculaire, dont l'étude, abondamment illustrée de photographies, paraîtra en 1862, sous le titre *Mécanisme de la physionomie humaine, ou analyse électrophysiologique de l'expression des passions.* Il démontre l'effet d'un léger courant appliqué par des électrodes sur le visage d'un sujet particulièrement apte, expérimente toutes les possibilités de contraction des muscles faciaux et décrit une typologie des expressions (joie, tristesse, mépris, douleur, frayeur...). Auteur également d'« expressions » du mime Debureau avec son frère, Nadar saura tirer profit de ces démonstrations d'une nouvelle iconographie des passions, qui renouvelle totalement le vieil enseignement classique de Lebrun ou Lavater.

La science apporte une vérité expérimentale, vérifiée et transmise par la photographie. Duchenne de Boulogne, souvent présent à l'image aux côtés de son « patient » comme s'il voulait témoigner lui aussi de la valeur expérimentale, codifie le « différentiel » de chaque pathologie émotionnelle dans un système qui sera repris par Darwin; il expose « l'orthographe et la grammaire de la physionomie humaine », « les signes du langage muet de l'âme » (propositions qui pourraient s'adresser tout aussi bien aux portraits de Nadar). Réelle ou supposée, sa science des émotions dévoile les stratifications du « paraître » de toute une époque.

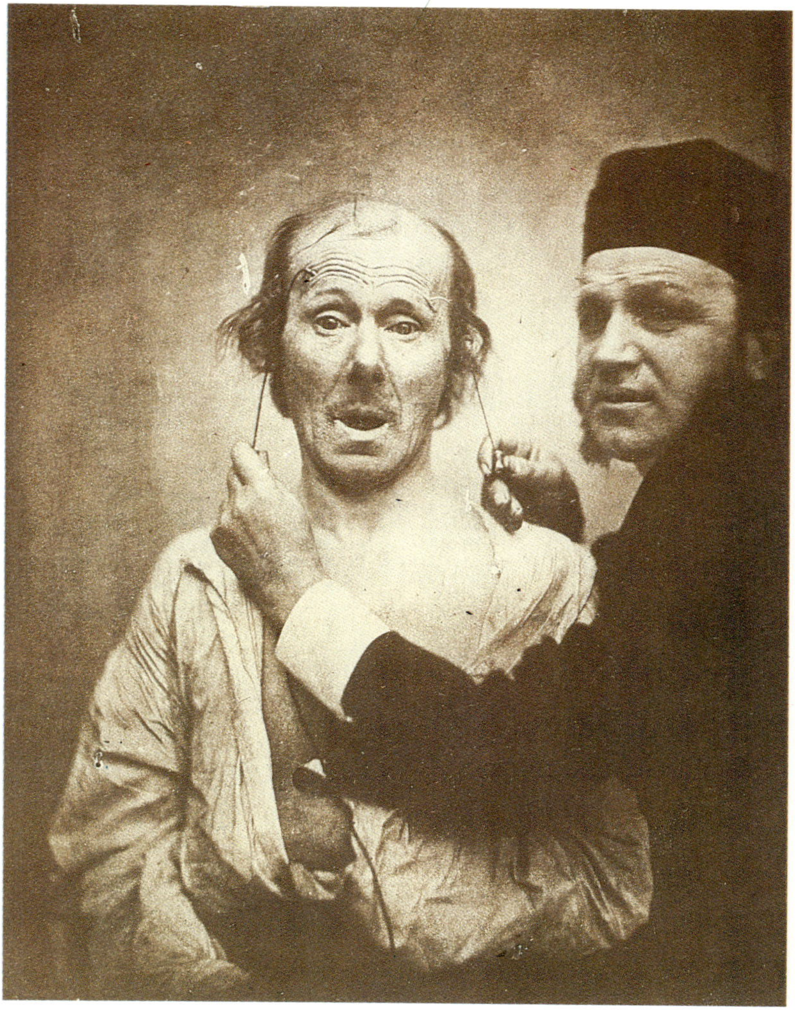

PHILIPPE POTTEAU (actif à Paris entre 1855 et 1870)

Photographies anthropométriques, Alger, 1862

Préparateur au Muséum d'histoire naturelle, Potteau semble avoir été le premier photographe en titre de l'institution, mais son collègue Louis Rousseau l'avait précédé dans ce domaine, avec la *Photographie zoologique,* puis avec des clichés anthropologiques en 1855-1856 (Russes, Hottentots, Esquimaux). A partir de 1860, Potteau photographie au Muséum les animaux naturalisés, les expériences (dissections), les fossiles ; il entreprend aussi une « collection anthropologique du Muséum » avec les membres des ambassades orientales à Paris (Siam, Japon, Cochinchine) et les indigènes lors d'un voyage en Algérie (1862).

La particularité de Potteau est d'adopter une règle scientifique de prise de vue avec face et profil juxtaposés ; les photographies, qui ont d'abord choqué parce qu'elles se démarquent trop des conventions du dessin, montrent au contraire leurs qualités d'irréfutabilité. En vue de la classification méthodique des variétés naturelles, qui est l'une des grandes affaires du XIXe siècle, Potteau répertorie systématiquement la diversité des renseignements recueillis, sur des « types authentiques des variétés de races humaines et des individus qui peuvent servir de type à ces races ». On y lit un certain désarroi devant la multitude des différences de l'Autre et la difficulté de les traiter objectivement. Potteau accompagne par exemple ses images d'une légende qui rassemble des données éparses et subjectives: « Mohamed, jeune Zouzou, gros garçon pas grand, mais très bien musclé, beau Noir ; la peau du dedans des mains presque noire, venant de la grande ville de Kan qui a 60 000 habitants. Pris par les pillards touareg (blessure à la joue droite). Photographié à Alger en 1862. »

Le visage est ce qui lie l'individuel à l'universel ; il « représente » une race, un type, mais sans qu'il soit toujours possible d'en identifier les composantes sérielles. Potteau pratique un art du repérage, débusque les signes d'une évidence, et propose une pièce à conviction, dont le schéma face-profil sera retenu plus tard par la photographie judiciaire.

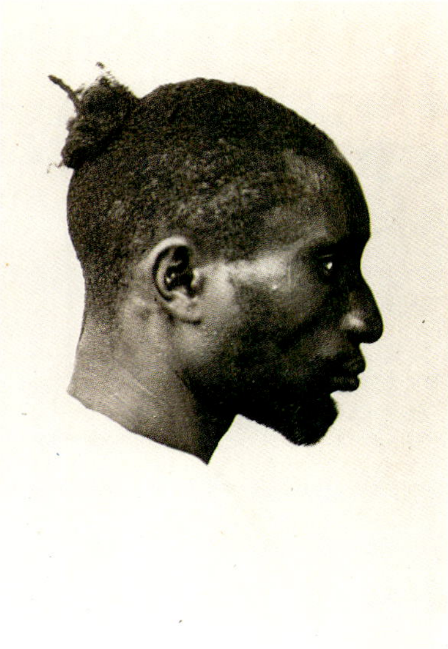

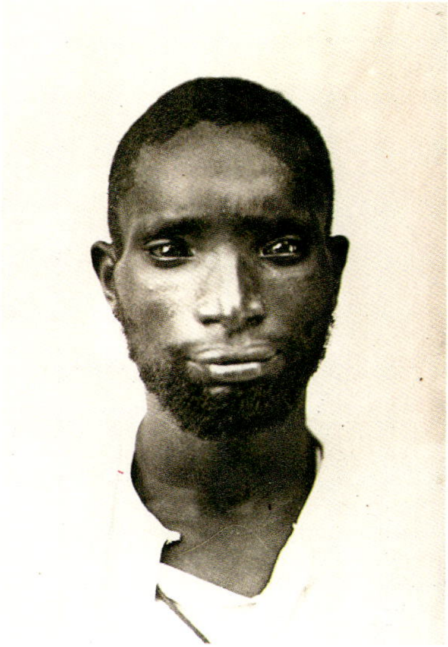

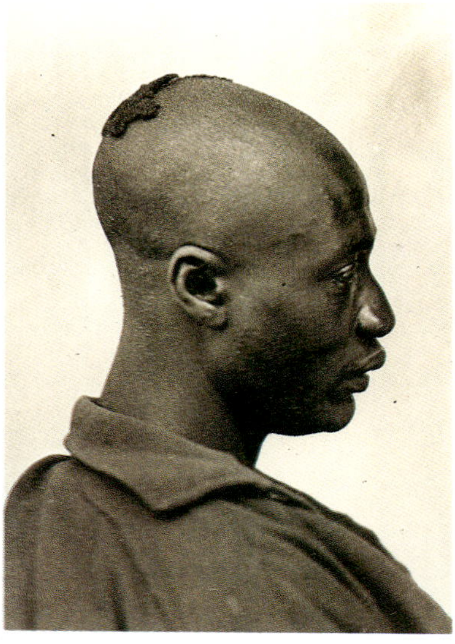

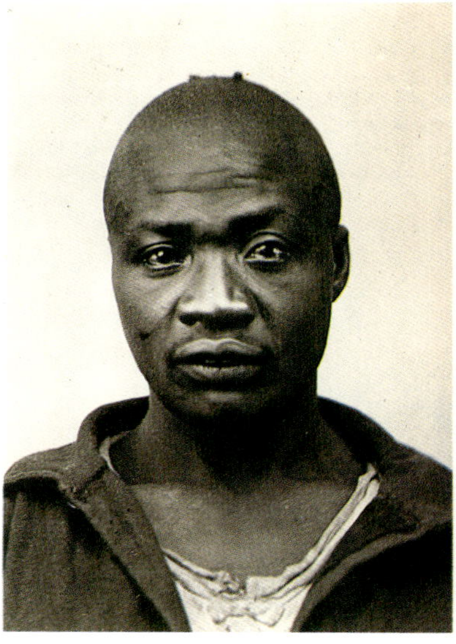

FRANÇOIS AUBERT (1829-1906)

La Chemise de l'empereur Maximilien après son exécution, Mexique, 1867

D'abord peintre, Aubert apprend la photographie à Mexico et y installe un atelier en 1864. Il est l'un de ces nombreux photographes qui, sur tous les continents, fournissent à la bourgeoisie, aux voyageurs, à la population ou aux institutions scientifiques divers genres de photographies : types locaux, événements, paysages, vues de villes, etc. La cour de Maximilien, archiduc d'Autriche installé empereur du Mexique par Napoléon III en 1863, lui fournit une clientèle de choix; il en devient le photographe officiel.

L'épisode dominant de son travail documentaire, qui fut en même temps une occasion de transcender la routine photographique, est le drame qui se déroule en 1867 : l'empereur, battu par les troupes de Juarez, est jugé et exécuté le 19 juin 1867. Aubert en photographie toutes les péripéties, les lieux et les protagonistes, hormis l'exécution à laquelle il assiste pourtant (il en laisse un croquis). Manet reprendra peu après ces images pour composer son tableau sur le même sujet.

Aubert est donc celui qui vit la totalité du déroulement d'un événement historique, et en perpétue la trace par des documents qui recréent, *a posteriori,* une physiologie de l'histoire: l'endroit où a eu lieu l'exécution, les soldats du peloton, Maximilien dans son cercueil, la redingote et le gilet troués de l'empereur. Le plus confondant est cette chemise présentée comme un objet sacré, ou une curiosité naturelle ; argument méthodique à deux niveaux : témoignage photographique de l'une des preuves du drame et de la réalité de la mort. Métaphore du corps de l'empereur disparu, la chemise est aussi un objet de piété, qui porte les stigmates du martyre, comme le Saint-Suaire. C'est la photographie - croyance affichée dans la vérité ultime de la vue - qui crée la relique.

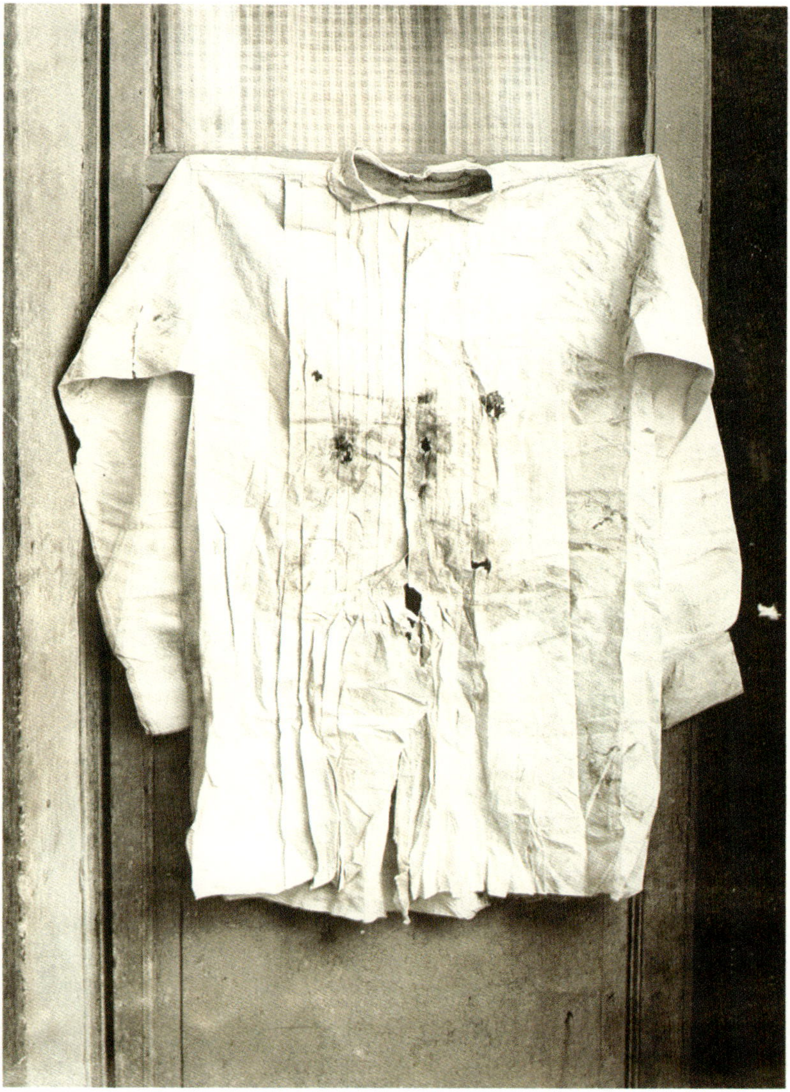

CHARLES NÈGRE (1820-1880)

Asile impérial de Vincennes, les cuisines, vers 1859

Napoléon III avait créé en 1855 un « asile » impérial destiné à faire pendant à l'hôtel des Invalides et à accueillir les ouvriers civils blessés, tout en montrant la sollicitude impériale pour le monde du travail. Charles Nègre reçut vraisemblablement commande pour une documentation photographique sur l'asile de Vincennes, réalisée vers 1859 et destinée à des personnalités de l'administration, sur le modèle du camp de Châlons de Le Gray. Le photographe a réalisé ici, avec la technique du collodion sur verre, le prototype de ce que sera beaucoup plus tard le « reportage » social, une « enquête par l'image » qui conduit le spectateur témoin dans une visite laudative de cet établissement. Compte tenu des impératifs techniques de la pose photographique, on admettra que Charles Nègre est allé aux limites des possibilités de prise de vue en intérieur, jouant de la présence des protagonistes tout en se tenant à distance objective, composant des scènes quasi instantanées mais néanmoins « posées », à mi-chemin entre la scène de genre calculée et la vivacité du mouvement réel encore inaccessible. Il compose avec ces paramètres, et nous introduit dans la bibliothèque, le réfectoire, la salle de jeu, la lingerie, les cuisines, où la chambre noire peut saisir l'« immobilité silencieuse d'un rituel ». Le photographe se permet alors de rompre l'intimité des intérieurs ; son regard vif est désormais celui d'un visiteur ardent, libre de voir et de saisir.

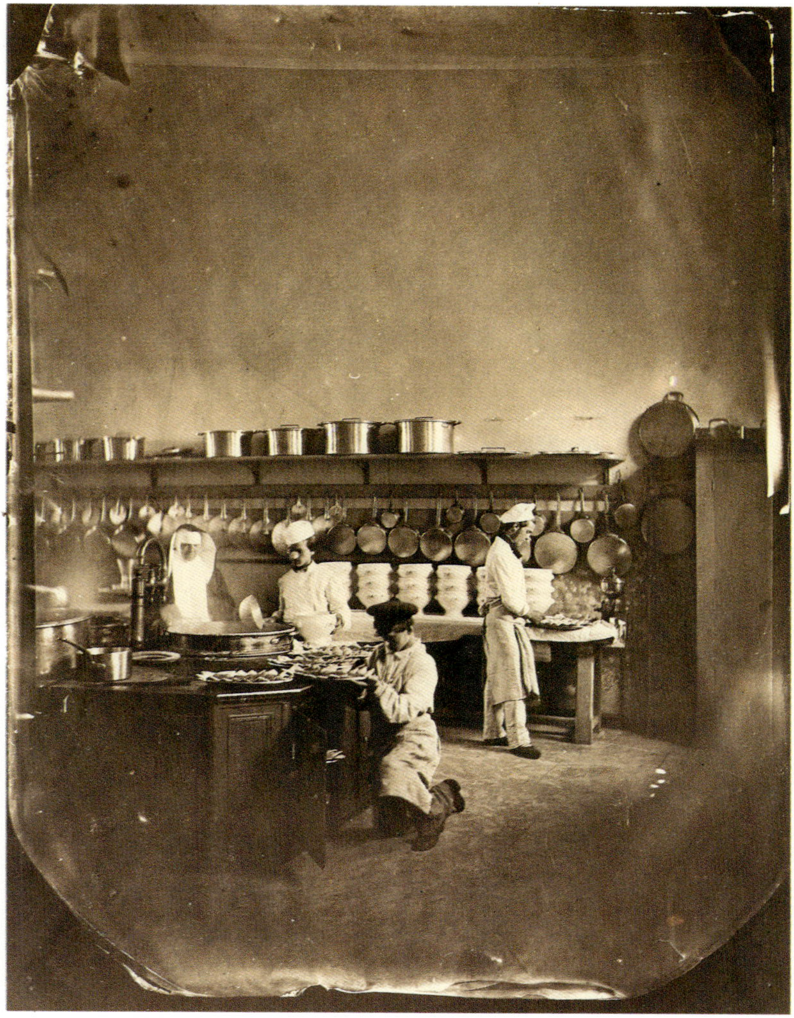

Art et photographie

A son apparition, la photographie est promise à une vocation médiocre : au mieux un « art industriel », au pire une technique scientifique. Elle doit à la genèse automatique et quasi incontrôlable de l'image de la chambre noire le qualificatif de « mécanique » et le grief d'un manque d'implication manuelle où pourrait intervenir un sens artistique.

Malgré la présence de nombreux peintres reconvertis dans le nouveau médium, la photographie n'est admise à l'Exposition universelle de 1855 que dans la section de l'industrie et ne trouve sa consécration au Salon des beaux-arts qu'en 1859, à un moment où la commercialisation s'est emparée du portrait et du document et où précisément la photographie perd souvent toute ambition artistique. Si on lui accorde l'appellation d'« art », c'est au sens Second Empire d'un artisanat, d'une habileté manuelle, d'un savoir–faire, d'un procédé ou d'un art appliqué ; mais le qualificatif ne se prononce pas sur ses possibilités de création ou d'évocation. Ces catégories, qui appartiennent au « système » des beaux-arts, sont régies et défendues par lui. Peut-être les réticences académiques vis-à-vis de la photographie sont-elles à mettre au passif d'un conservatisme qui rejette du Salon (en 1855 également) *L'Enterrement à Ornans* et *L'Atelier* de Courbet.

Tout le problème de la qualité artistique liée à la photographie tient dans l'imitation, base de l'art le plus élevé, mais nécessairement transcendée par l'imagination et par le style pour accéder à l'expression idéale. L'imitation photographique, involontaire et absolue, ancrée dans la technique, déchoit de ne pas surmonter la transcription pure et simple du réel et de s'en tenir à « la grossièreté naturelle que l'on a toujours lorsqu'on prend la nature comme elle est, et qu'on la reproduit comme on la voit » (Delécluze parlant de Courbet qu'il compare à « un mauvais daguerréotype », 1855).

La photographie, qui émerveille par sa fidélité au concret, serait par là même condamnée, puisqu'elle ne peut s'y soustraire. Pourtant le procédé de calotypie, très en vogue entre 1847 et 1855, aurait pu réconcilier la photographie avec ses opposants, puisque le grain du papier, le flou des faibles mouvements, les sujets de plein air donnent l'apparence du dessin et la liberté de touche de l'artiste. C'est alors que se développent les «études photographiques», les poses «d'après nature» en atelier ou les «modèles pour artistes» qui ne résolvent d'ailleurs que partiellement, en imitant eux-mêmes les «clichés» académiques, l'intégration de la photographie aux beaux-arts.

Avec l'extension du collodion sur verre, plus rapide et plus précis, la netteté, instituée critère «photographique» par excellence, emporte avec elle toute velléité de rivaliser avec le «grand art» qui se refuse à reconnaître ainsi l'artiste rivé à la plus prosaïque réalité. Tout art véritable est dans le style, dit-on : dans la composition réglementaire de l'image, ou dans son traitement large, la «manière» du rendu pictural. Pour rejoindre le camp prestigieux des artistes, certains photographes (spécialement en Grande-Bretagne) vont devoir soit s'orienter vers le respect des canons picturaux admis, en imitant la structure du tableau (Rejlander, Robinson), soit opter pour une technique personnelle de flou «artistique» (Cameron). L'envolée de la photographie dans les hautes sphères de l'esprit se double alors d'une volonté moraliste ou mystique.

Plus simplement, et pour beaucoup d'autres qui ne s'imposent pas de tels *a priori,* l'art «qui ne s'apprend pas» (Nadar), celui de l'expression, est dans le but élevé et intentionnel que se fixe l'artiste. Celui-ci puise son énergie dans l'ambiguïté de ses obsessions (Carroll), dans le lyrisme lumineux (Le Gray) ou les attraits érotiques (Moulin, Braquehais...) en s'efforçant de ne jouer que des qualités intrinsèques de son médium : le naturel de la pose, le laisser-aller passager ou le rendu atmosphérique.

Faire de la photographie un art, c'est, pour beaucoup de professionnels ou amateurs, favoriser les possibilités nouvelles de la photographie, ne rien imiter de ce qui existe déjà dans les arts visuels, mais voir le monde avec plus d'innocence et moins d'interprétation abusive. Le choix du sujet, du cadrage, du temps de pose, et les subtilités du tirage sont autant d'invitations à sublimer la prétendue automaticité de la photographie.

CHARLES MARVILLE (1816-1878)

Homme allongé au pied d'un châtaignier, 1853

La courte période de la calotypie, moins d'une dizaine d'années de réelle activité, a concrétisé un langage photographique, élaboré fréquemment hors de toute référence. La question du sujet, de ce qui est photographiable, c'est-à-dire digne de devenir une image, est souvent débattue ; c'est par ce biais que la photographie peut faire le plus souvent penser à la thématique artistique générale ; mais sa manière d'aborder l'objet à représenter, de se placer en face à face et de laisser le naturel s'étaler, est bien spécifique de la photographie. La série des « Études photographiques » (environ cent planches connues actuellement) de Blanquart-Évrard est typique de cette esthétique et peut-être la plus novatrice de toute sa production; elle a conservé les « incunables » d'un art dont l'extrême sensibilité serait restée insoupçonnée. On y trouve de nombreuses scènes rustiques, des fermes au toit de chaume, un chien devant sa niche, une vache, une vue du port de Boulogne, des groupes de paysans, des sapins sous la neige et des effets de givre (par Loydreau), ainsi que la très belle composition de *L'Échelle* de Regnault. La présence d'une seule photographie de ruine gothique indique bien que l'on a quitté le domaine du pittoresque dont le siècle est friand (évocation du passé, opposition des matières) pour appréhender la nature d'égal à égal. Le photographe est un personnage qui plante son chevalet automatique en plein air (ce que les peintres font de plus en plus souvent à cette époque) et rapporte avec une certaine bonhomie ce qu'il a plaisir à voir autour de lui.

C'est une véritable « école » d'interprétation qui s'est révélée en photographie, parallèlement aux orientations de Corot, Théodore Rousseau, Daubigny, ou à l'influence de Ruysdael, toujours cités lorsqu'il s'agit de prendre appui sur l'exemple des « beaux-arts ». Les nombreux arbres qui paraissent dans ce recueil (Regnault, Marville, Loydreau, ou cèdres du Liban par Benecke), les sous-bois, feuillages, allées de parc, montrent qu'il y a là un sujet à part entière, décliné selon des figures multiples, non comme un répertoire de formes bizarres, mais comme une variation sur des effets : l'atmosphère, l'éparpillement des lumières, la franchise des ombres, le léger mouvement des branches. La matière grenée du calotype se prête à ces rendus picturaux, la longueur de la pose provoque un « bougé » des feuilles qui est considéré comme l'équivalent d'un certain flou adopté par les peintres.

Les « Études photographiques » ne sont pas des modèles - destinés à des artistes paresseux - de ce qui existerait déjà ailleurs, mais des propositions, des œuvres produites par l'œil du photographe, dans la veine du portrait d'arbre ou de la scène rustique, avec l'autorité visuelle d'un peintre.

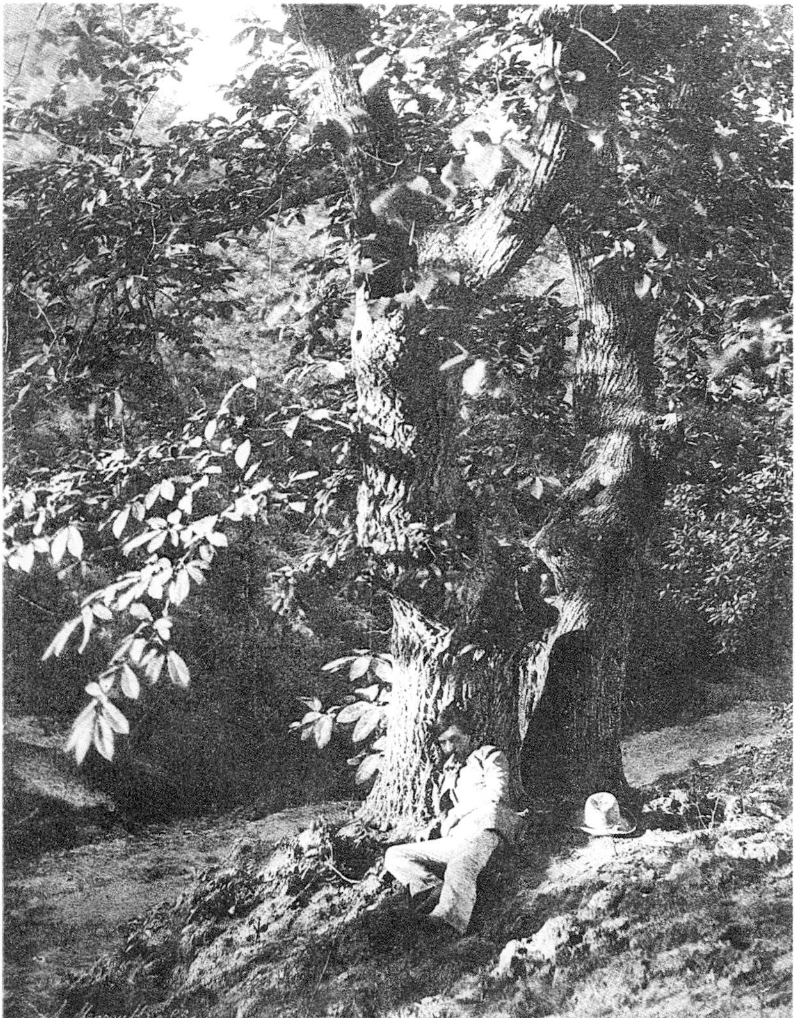

LEWIS CARROLL (1832-1898)

Alice Liddell en mendiante, vers 1860

L'œuvre photographique du révérend Charles Lutwidge Dodgson se caractérise par la cohérence de l'ensemble et par son ambition créative, comme un écho à son inventivité littéraire. Constamment préoccupé, avec une âpreté névrotique, par l'amitié des petites filles qu'il peut rencontrer à Oxford, il en a fait systématiquement à partir de 1856, grâce à la photographie, des portraits à la pose toujours renouvelée (plus de sept cents).

D'abord en extérieur, puis dans un studio qu'il aménage en 1872 au-dessus de son appartement de professeur, Carroll livre ses petites amies à un rite dont la prise de vue pourrait être le terme obsessionnel, la borne infranchissable : rencontrer la petite fille au hasard des promenades ou des invitations, connaître les parents, les persuader de la laisser photographier (certains refusent), l'inviter, la mettre en confiance, entourer la cérémonie des présentations d'une aura de conte, d'une dérision de la réalité par l'imaginaire. La séance photographique, qui comprend d'ailleurs une pose immobile assez longue (Carroll parle de quarante secondes), est sans doute pour ces enfants une abstraction qui fait encore partie du merveilleux. Le rêve ne se concrétise que par l'image qu'on reçoit longtemps après, et par la signature que l'enfant est invitée à apposer sur le carton. Alice Liddell, son « idéale amie enfant », rencontrée en 1856, l'inspiratrice d'*Alice au pays des merveilles* (publié en 1865), a été son modèle favori; elle pose ici en mendiante, preuve que la fantaisie de Carroll trouvait souvent un écho favorable, grâce à ses talents de conteur. L'enfant tient un rôle, elle se compose une apparence plus facilement qu'un adulte pourvu qu'elle y trouve une échappatoire plausible : « Lorsque nous étions vraiment heureuses, il nous faisait poser et prenait des photos avant que notre gaieté fût passée » (*Mémoires* d'Alice Liddell).

Réunissant à l'insu de chacun des modèles un portrait collectif de ses inclinations (« Je marque cette journée d'une pierre blanche. Le résultat de cette activité forcenée, sournoise, embarrassée, c'est cette collection superbe de photos »), Lewis Carroll fait doucement passer son dépit amoureux de l'autre côté du miroir.

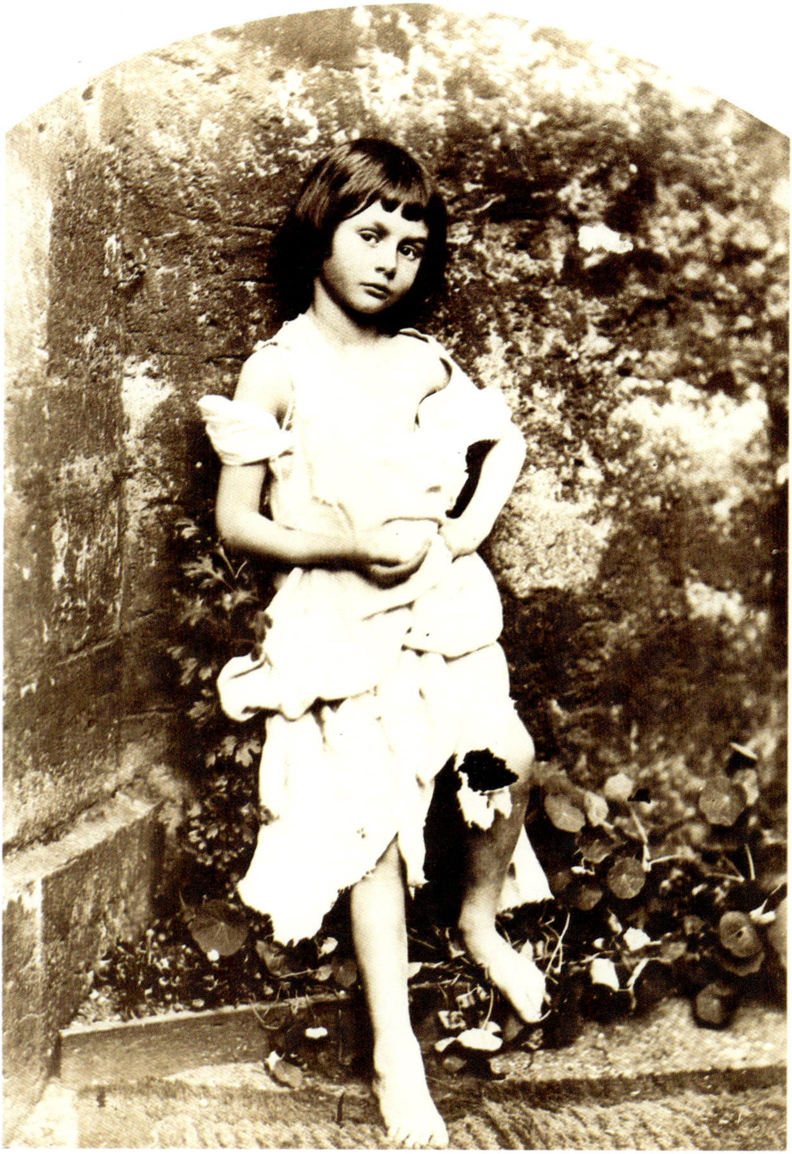

Attribué à B. BRAQUEHAIS (actif entre 1850 et 1874)

Nu, vers 1856

La série de nus que Braquehais diffusait en 1854 était proposée sous le titre trompeur et pompeux de « Musée daguerrien ». La double référence à la méthode daguerréotypique originelle (ou au nom de l'inventeur), et au concept de musée ou de collection est, en regard des sujets présentés, l'augure de bonnes intentions. Le nu en photographie est suspect d'érotisme déplacé, et les images sont nombreuses qui se vendent assez librement sous prétexte d'être des « modèles pour artistes ». Le nu n'est en effet permis que dans la mesure où il est l'un des sujets de l'art, ou plutôt l'une de ses formes ; figure de tableau mythologique, ou historique. Mais la photographie, qui ne peut éluder sa dépendance vis-à-vis de la réalité palpable, est d'emblée exclue du concert des arts et taxée d'obscénité. Peu d'images parviennent à rompre cette barrière d'exclusion fixée par la morale des images.
La catégorie des « Études » destinées à procurer, dans différents genres, des modèles moins onéreux et plus commodes aux artistes, est le refuge de cette esthétique bridée. Braquehais en a donné d'excellents spécimens, assez différents de la photographie présentée ici ; il opte souvent pour un style conventionnel avec la présence d'objets hétéroclites (armures, vases, tableau, bronze) dans le goût du Second Empire, objets qui renvoient la scène à l'atelier bric-à-brac du peintre dans lequel poserait normalement le modèle. Le critique contemporain Ernest Lacan regrette que Braquehais fasse trop souvent figurer dans sa composition une certaine Vénus en plâtre dont l'effet lui paraît redondant ; mais il se réjouit en revanche de ses arrangements de draperies « qui font repoussoir et qui peuvent elles-mêmes servir d'études ». Braquehais joue beaucoup des voiles, des transparences, des nuances, du « modelé ferme et moelleux » pour donner à ses œuvres une réelle légitimité photographique.
Dans la photographie ci-contre (récemment attribuée à F.-J. Moulin et à Achille Quinet), bien que le sujet soit dans la lignée des académies de nu féminin et des odalisques orientales et que la référence aux Vénus vénitiennes soit affirmée par l'arrangement frontal de l'espace et l'échappée centrale, la composition semble atteindre une totale liberté artistique. Le modèle prend ses aises, avec un sourire désinvolte et un air d'effronterie, qui ne peut laisser croire que cette attitude spontanée tiendra un rôle dans une fresque historique. Et cependant le drapé aux volumes parfaits, l'absence de surcharge formelle, l'affranchissement visible des conventions nous conduisent déjà vers le réalisme de l'*Olympia* de Manet (Salon de 1865).

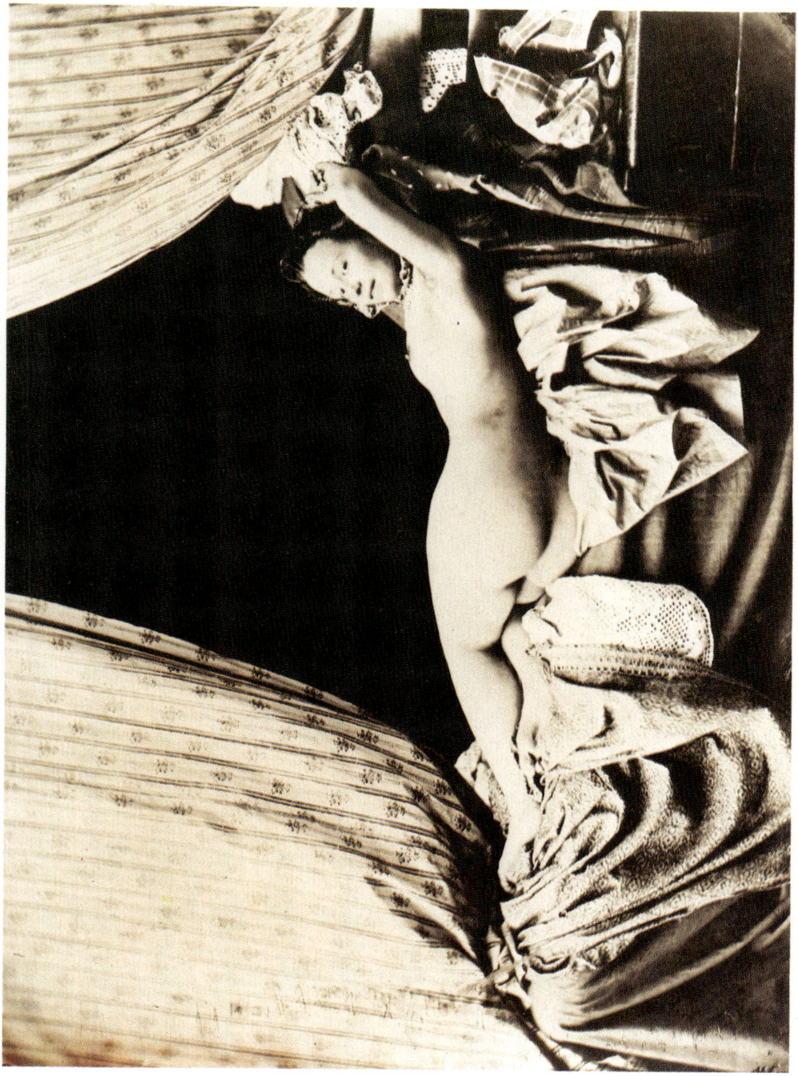

JULIA MARGARET CAMERON (1815-1879)

I Wait, 1872

Avec cette figure d'ange, Julia Margaret Cameron affirme deux traits majeurs de ses compositions photographiques: la référence aux dogmes de la peinture ancienne (la pose et l'expression sont reprises d'un putto de la *Madone Sixtine* de Raphaël) et l'expression symbolique, parfois même mystique. L'ambivalence de ces images, mais aussi leur étrangeté, réside dans le fait qu'elles sont des photographies («from life» précise toujours Cameron), c'est-à-dire des portraits d'êtres réels, préparés adéquatement à un rôle allégorique; généralement des membres de sa nombreuse famille ou ses amis, qui appartiennent à l'intelligentsia anglaise: le peintre Watts, l'astronome Herschel, le poète Tennyson, et même Alice Liddell devenue une jeune femme. Mme Cameron est le type même de l'amateur éclairé, très au fait des tendances artistiques; d'une grande culture, née à Calcutta dans une famille aristocratique, elle est l'épouse d'un diplomate anglais aux Indes, et pratique la photographie à partir de 1863, alors qu'elle est revenue vivre dans l'île de Wight. C'est pour elle une occupation artistique de haut niveau, qu'elle commercialise chez Colnaghi au même titre que des gravures. Elle représente certainement avec le plus de rigueur et de retenue le concept très britannique d'«art photography». Très liée aux préraphaélites (Hunt, Millais, Rossetti) elle leur emprunte leur thématique: sujets sacrés ou légendaires, figures bibliques, épisodes poignants des légendes médiévales (le roi Arthur); elle adopte également leur vénération pour la peinture italienne du XVe siècle. Pourtant, alors que la technique du collodion permet un rendu «précisionniste» analogue à celui de ces peintres, Cameron se fait l'apôtre du flou généralisé de l'image, et des défauts de mise au point. Elle photographie volontairement en plan rapproché, avec une faible profondeur de champ, avec des poses longues dues au médium mais qui favorisent le flou; et elle considère que ce «faire» particulier lui assure un style personnel et une expressivité symboliste, «quelque chose d'une prière incarnée». Ici, on ne sait finalement ce qu'il faut croire, de la vérité photographique, de la fraîcheur d'élaboration du sujet, et de «l'intérêt théologique» clamé par le titre, *I Wait*.

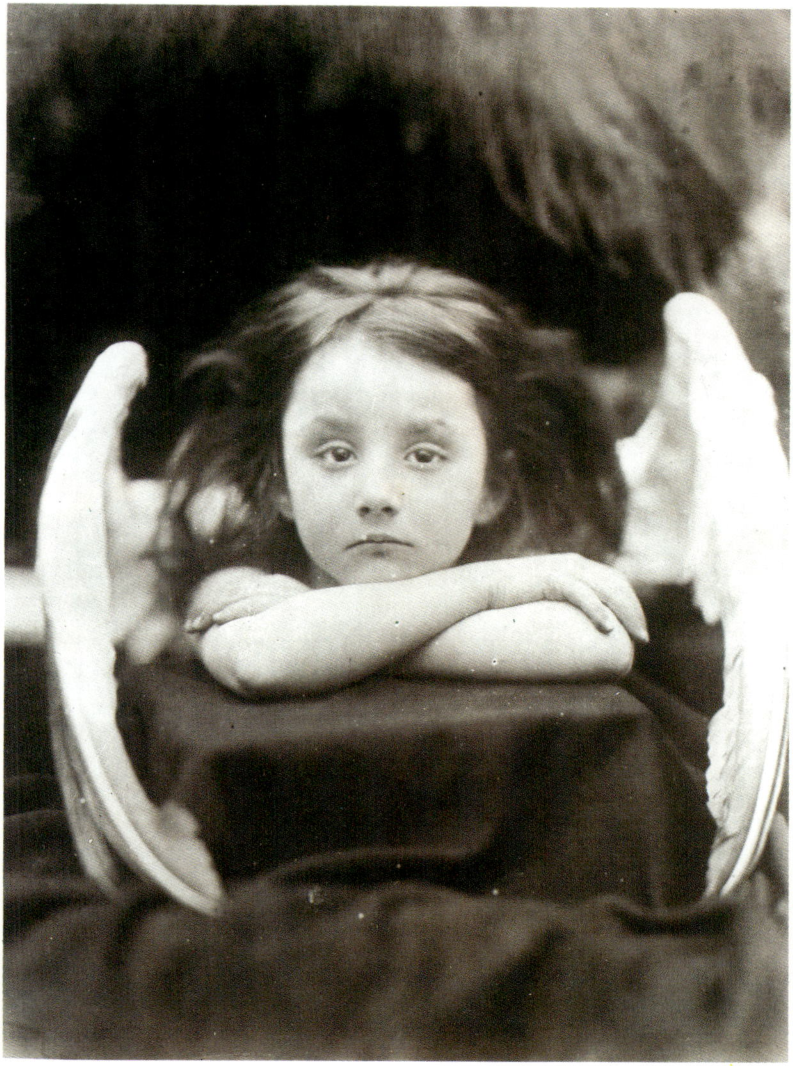

OSCAR GUSTAV REJLANDER (1813-1875)

The Two Ways of Life, 1857

Rejlander peut être considéré comme un peintre (il étudia à Rome), dont le travail photographique est entièrement soumis aux canons picturaux à l'honneur en son temps. Après avoir ouvert un studio en 1855, il devient tout à coup célèbre lorsque la reine Victoria acquiert, lors d'une exposition, son *Two Ways of Life,* en 1857. Il s'agissait de la première tentative de composition photographique bâtie à la fois sur les préceptes et sur les contraintes de la peinture. L'image exposée, de grandes dimensions (environ 80 x 40 cm), est un tirage obtenu à partir de plus de trente négatifs de poses différentes et indépendantes pour toutes les figures rassemblées sur la composition.
Le «tableau photographique» évoque, en pastichant l'agencement de l'*École d'Athènes* de Raphaël, le dilemme de la vie partagée entre les vices (à gauche) et les vertus (à droite). Pour satisfaire au développement du sujet et aussi à la référence à la Renaissance, Rejlander inclut un grand nombre de nus féminins qui lui attireront quelques critiques. En outre, d'autres s'en prennent à sa volonté de faire de l'« art » par des moyens purement mécaniques (car photographiques).
Rejlander élabore une forme élevée de photomontage, en réaction à la lenteur de la pose photographique et aux contingences optiques; il compose sa photographie par fragments, préalablement conçus pour s'intégrer à l'espace et à la lumière d'ensemble. Non dans le but de parvenir à un objet spécifiquement photographique, mais en se conformant à l'imitation de ce que serait une peinture dérivant de la même volonté expressive.
Rejlander ouvre à la photographie les voies du « High Art », mais en la subordonnant à la pensée picturale et en lui confiant d'emblée une fonction moralisante.

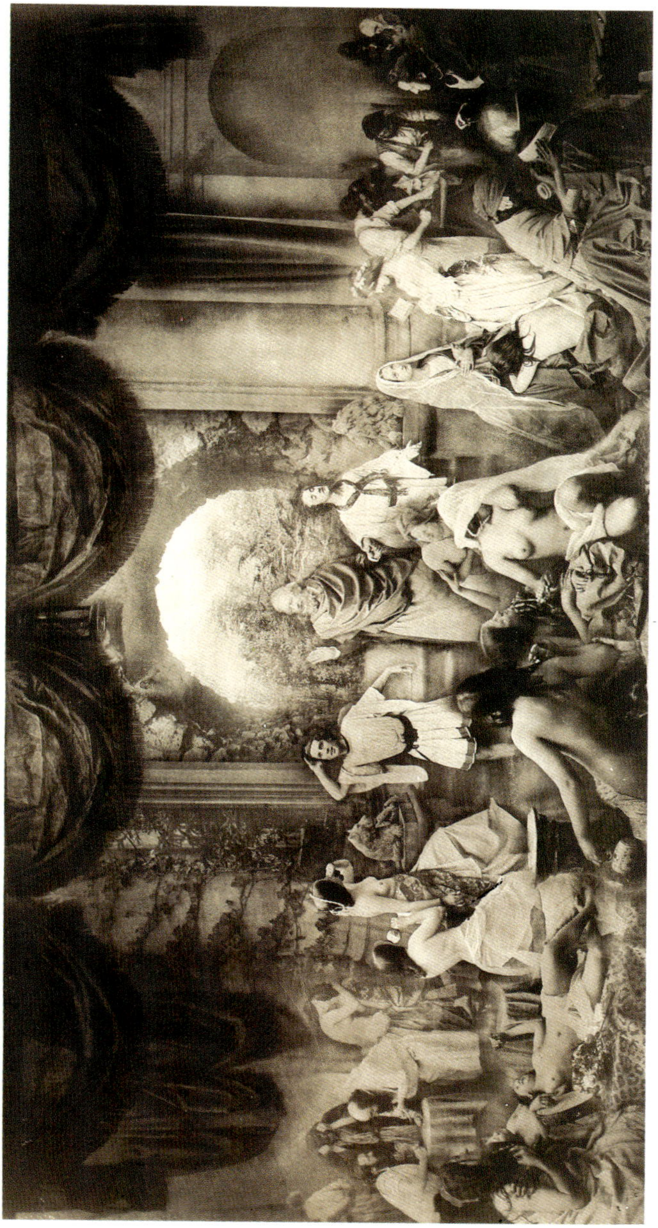

HENRY PEACH ROBINSON (1830-1901)

Fading Away (Dernier Soupir), 1858

Propagateur des idées de Rejlander qu'il admire beaucoup, Robinson est en fait le vrai théoricien de cette tendance anglaise qui fait de la photographie une technique d'élite au service d'un style pictural. Peintre lui-même, il apprend les vertus de l'assemblage photographique de Rejlander, en prolonge les effets et les amplifie jusqu'à la fin du siècle.

Sa première œuvre célèbre est ce *Dernier soupir* fait de cinq négatifs, qui représente avec une certaine sobriété l'agonie d'une jeune fille au milieu de sa famille. Il ne recherche pas les effets gratuits, mais plutôt la vraisemblance de l'ensemble, l'impression de vérité (« un mélange de réalité et d'artifice », dit-il). Les conceptions picturales de Robinson ne sont cependant pas au niveau des débats esthétiques de l'époque (le préraphaélisme, le réalisme...) ; elles se limitent à l'expression volontaire « d'une histoire et d'une idée ». Mais son influence est très importante parmi les photographes. Son prosélytisme militant de théoricien de l'art photographique (« doctrinaire » pour certains) l'amène à publier de nombreux ouvrages sur la création photographique : *Pictorial Effect in Photography,* 1869, *Picture Making in Photography* (Le Tableau par la Photographie), 1884, *De l'effet artistique en photographie,* 1885. Chacune de ses œuvres, peu nombreuses, méticuleusement préparées par des croquis et des collages d'essais, est saluée par la critique.

Apôtre de l'intervention délibérée de la création photographique, il rompt avec le principe de l'automatisme de la prise de vue et de ses contingences physico-chimiques pour hausser la photographie au niveau de l'« art ». Il lui permet en cela de s'affranchir conceptuellement de règles imposées pendant deux ou trois décennies. Très précis dans son travail sur l'unité du tableau, sur la haute valeur des interventions manuelles, il propage aussi un certain nombre d'idées nouvelles (la perspective atmosphérique, le plein air, la luminosité) héritées de l'impressionnisme, qui mènent au naturalisme et au pictorialisme de la fin du siècle. Il est à ce titre l'un des fondateurs du principal groupe qui s'illustra dans cette voie, le « Linked Ring » (1892).

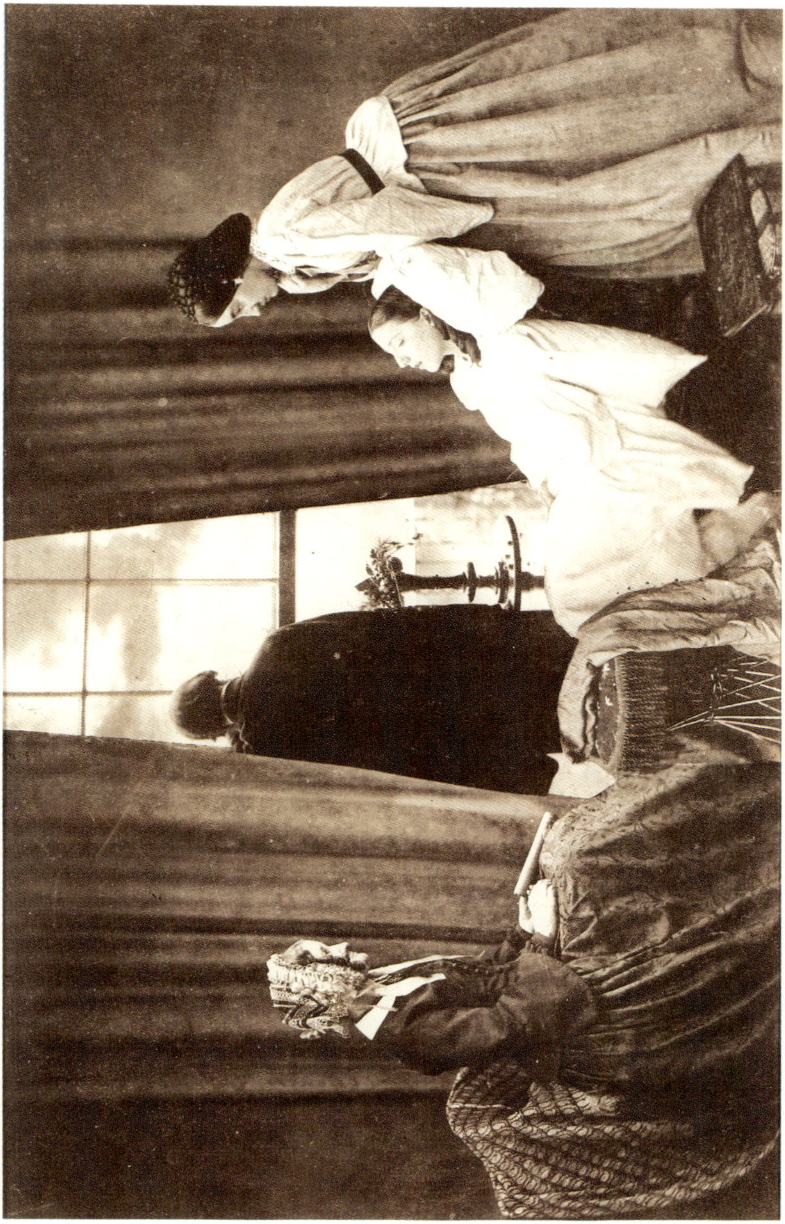

ANTOINE-SAMUEL ADAM-SALOMON (1818-1881)

Autoportrait, vers 1860

Avec Adam-Salomon - très différent de son contemporain Nadar -, on pénètre dans l'atelier d'un autre photographe fort prisé sous le Second Empire. Sculpteur très connu, il a appris la photographie auprès de Hanfstaengl en 1858 et a ouvert un atelier de portraits qui fonctionnera jusqu'en 1873. Cependant, il ne délaisse pas son activité de sculpteur, et fait au contraire passer celle du photographe au même statut : prix très élevés, accès du studio limité à deux heures par jour, clientèle choisie de célébrités, préparatifs de la pose. Il met au point un éclairage particulier, fondé sur l'emploi d'un fond réflecteur semi-cylindrique, et recherche dans tout portrait la mise en œuvre d'un « sens artistique » approprié au modèle. Là où Nadar laisse les choses se dérouler elles-mêmes, Adam-Salomon compose par ajout d'éléments.

Il soigne particulièrement le rendu des textures, les reflets, la forme des drapés, l'attitude, la coiffure, et use de la retouche ; excès raillés par certains critiques : « Les vêtements apparaissent presque toujours aux dépens des traits » (Burty). Il recherche une réminiscence de « la grâce » ou de « l'ampleur des modèles antiques ». Très apprécié par la clientèle anglo-saxonne, et émule du grand portrait historique, Adam-Salomon est aussi admiré par Robinson et par Emerson qui lui dédie son *Naturalistic Photography.* Mais certains de ces portraits savent s'en tenir à une simplicité digne. Il est également celui qui amènera un Lamartine récalcitrant à se laisser photographier, jusqu'à voir dans le nouvel art « un phénomène solaire où l'artiste collabore avec le soleil ».

C'est dans les scènes de genre ou les compositions plus personnelles qu'Adam-Salomon déploie sa subjectivité d'artiste aux prises avec la lumière, comme dans cet autoportrait allégorique où il s'est figuré en sage des temps anciens, une sorte de philosophe confronté aux « vanités » du monde. On pense aussi à un portrait vénitien quant à l'attitude et au drapé. Une image de soi qui contraste singulièrement par sa « grandeur » imaginaire avec un autre « portrait » (littéraire), peu flatteur, qu'en laisse son rival Nadar : « Petit homme tout desséché, inquiétant d'aspect, même un peu sinistre... »

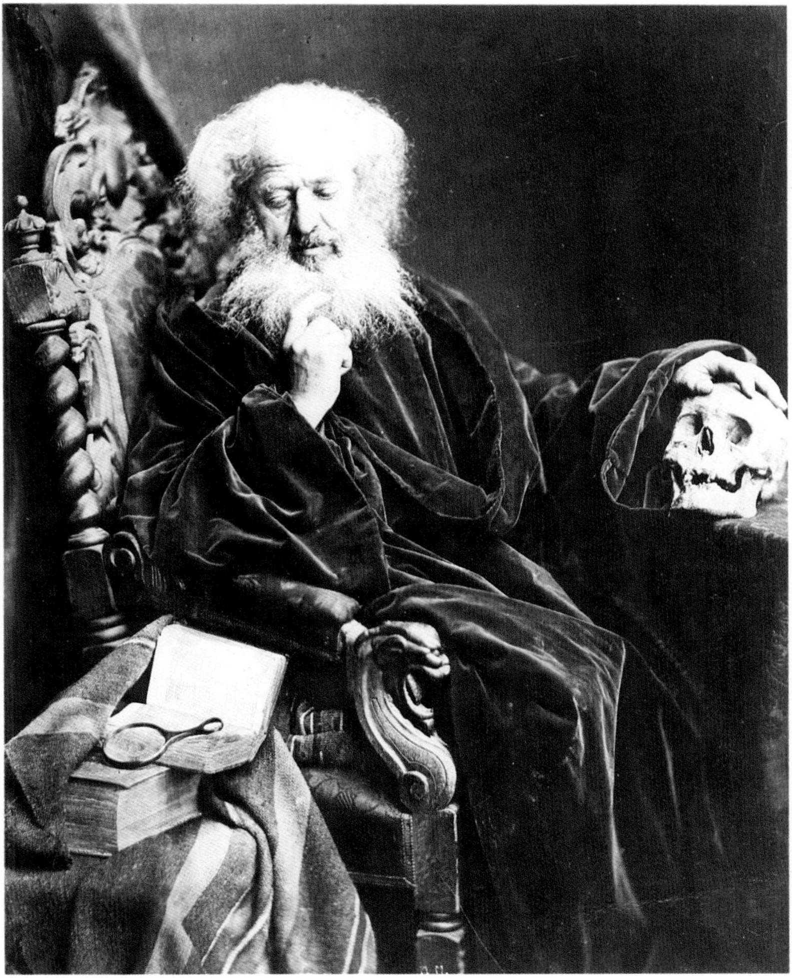

GUSTAVE LE GRAY (1820-1882)

Vague, 1856

Les marines de Le Gray sont en quelque sorte des figures en miroir, des doubles symboliques de la photographie : elles traitent de sa matière principale, la lumière, et cherchent à en piéger la fugacité. Toute l'œuvre de Le Gray, l'une des plus considérables du XIXe siècle, est conditionnée par la noblesse de son art. Peintre, élève de Paul Delaroche, mais aussi grand inventeur de techniques (le collodion sur verre, le papier ciré sec), professeur pour beaucoup de ses contemporains, il maintient sa production à un très haut niveau artistique : « J'émets le vœu que la photographie, au lieu de tomber dans le domaine de l'industrie, du commerce, rentre dans celui de l'art. C'est là sa seule, sa véritable place » (1852).

Ses travaux variés font tous preuve de ces exigences: arbres dans la forêt de Fontainebleau (1851), participation à la Mission Héliographique (1851), reportage sur l'inauguration du camp de manœuvres de Châlons-sur-Marne (1857), soulèvement de Palerme (1860). Un destin malheureux l'oblige à quitter Paris en 1859, et à finir sa vie au Caire ; la soumission commerciale qu'il redoutait pour la photographie en est cause aussi, à un moment où beaucoup d'autres artistes sont obligés de survivre grâce au portrait-carte.

Les séries de marines faites en Normandie en 1856 et à Sète en 1857 sont des pièces maîtresses de la photographie. La gageure consiste à vaincre deux difficultés sur une même image : rendre la forme d'une vague par une prise de vue « instantanée » et conjuguer les effets lumineux de la mer et du ciel, réputés contradictoires en raison de la différence de sensibilité du support aux lumières de l'une et de l'autre (Muybridge, lui aussi, fera sa célébrité sur la présence des nuages). Bien qu'il ait précisé « avec nuages obtenus simultanément », il est établi que Le Gray se servait de deux négatifs (un pour la mer, un pour les nuages) obtenus séparément et superposés au tirage. Très admirées aux expositions de Londres et Paris, ses marines sont un premier pas vers l'attrait romantique des rivages et une reconnaissance des beautés lumineuses (coucher de soleil, effet de lune, reflets miroitants) qu'affectionneront bientôt les impressionnistes.

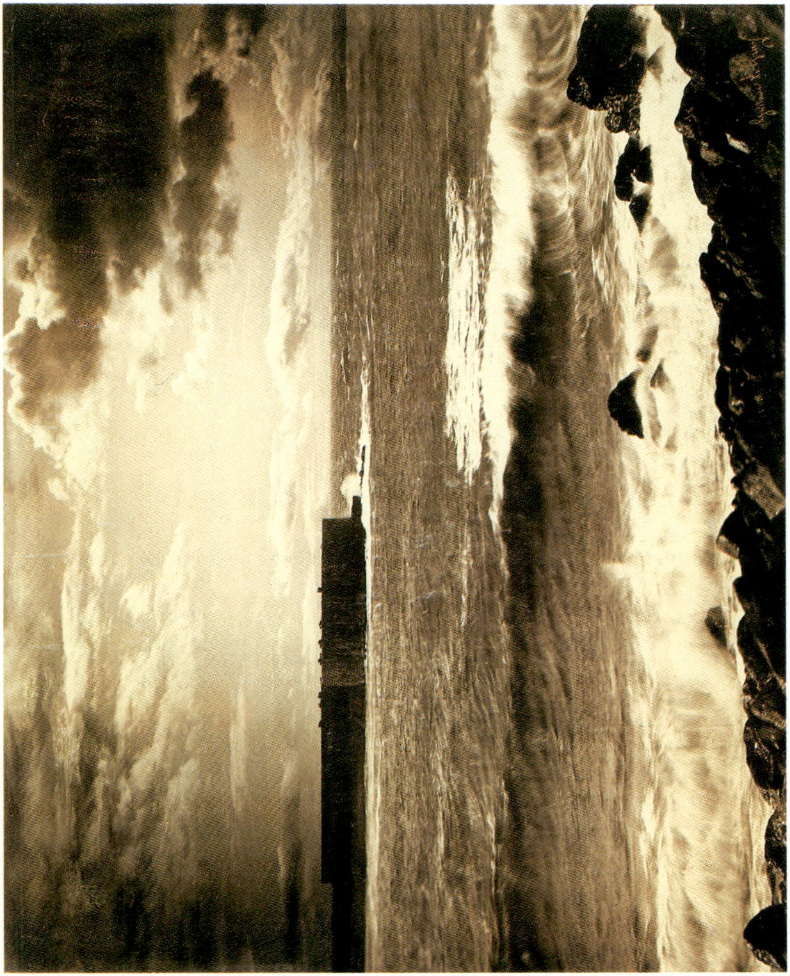

ROGER FENTON (1819-1869)

La Terrasse et le Parc de Harewood House, 1861

Parmi les catégories esthétiques qui prévalent dans les beaux-arts du XIXe siècle, le pittoresque règne sur la représentation de la nature, particulièrement en Angleterre. Le pittoresque est à entendre au sens étymologique original de l'italien «pittore» ou de l'anglais « picturesque », de ce qui a « quelque qualité propre à fournir un sujet avantageux à la peinture ». La rudesse, la variété des textures, la rugosité et la brillance, les dommages du temps qui transforment une architecture en ruine, les contrastes lumineux, participent de la composition pittoresque « qui consiste à unir dans un tout une variété de parties » (William Gilpin).

Roger Fenton est dès le début des années 1850 un pionnier de la photographie, l'un des fondateurs de la Photographic Society de Londres, très informé des développements récents en France, il devient bientôt photographe officiel de la famille royale. Fenton est le premier « moderne » de la photographie britannique, qui va passer du monde un peu fermé des amateurs cultivés au rang de médium visuel. C'est lui qui est mandaté pour le premier grand « compte rendu » photographique, la campagne de Crimée en 1855 ; c'est lui encore qui est commissionné pour des vues archéologiques et zoologiques au British Museum.

Mais il parcourt aussi les petites routes de l'Angleterre dans son chariot photographique, avec sa famille ou ses amis, en quête du site à photographier, « in search of the picturesque » comme il le dit lui-même, arpentant le terrain pour trouver le meilleur cadrage, le meilleur point de vue. La précision de la technique, le format des clichés (35 x 45 cm) favorisent ce regard aigu qui détaille et juxtapose les matières, mates ou brillantes, les reflets qui affectent la surface de l'eau, le scintillement des feuillages, le dégradé des lointains, la géométrie de l'architecture. Toute la « profondeur » de la composition est dans cette mixité harmonieuse des contrastes de matériaux, dans la « richesse de surface » de chaque élément, « arbres, rochers, terrasses brisées, bois, rivières, lacs, plaines, vallées, montagnes et lointains ». Quelques personnages y donnent la mesure de leur intégration paisible, comme un rappel du photographe lui-même qui « s'abandonne à la vaste idée de l'espace ».

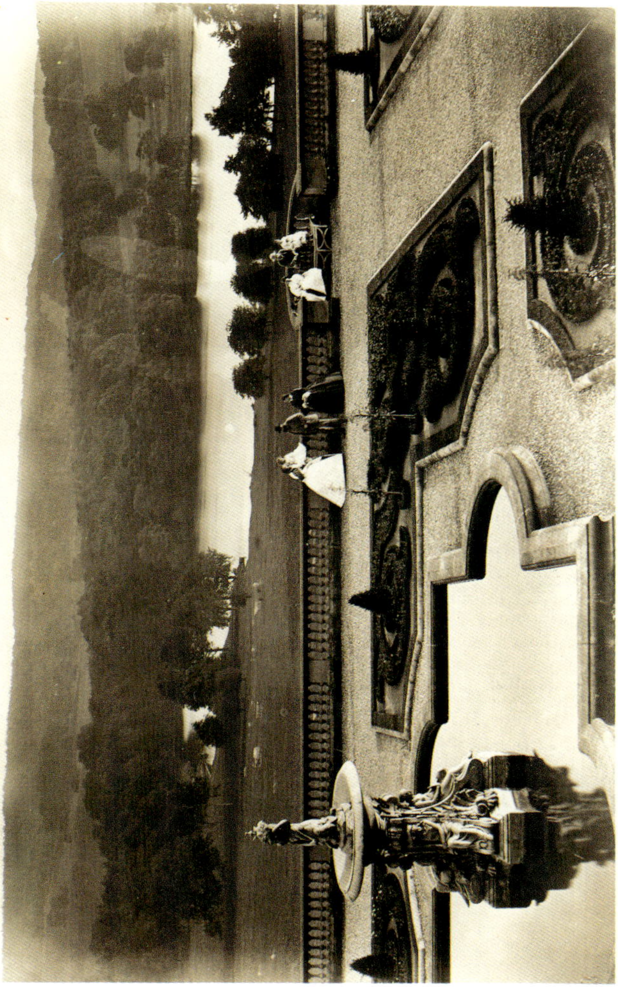

CRÉDITS PHOTOGRAPHIQUES

Couverture : Musée Carnavalet, Paris, cliché Musées de la Ville de Paris © SPADEM 1989.

Page 11 : Gernsheim Collection, Harry Ransom Humanities Research Center, The University of Texas, Austin.

Page 13 : Stadtmuseum, Munich.

Pages 15, 39, 45, 59, 79, 87, 121 : Collection particulière, Paris.

Pages 17, 21, 37, 41, 51, 55, 93, 111, 113, 115, 125, 139 :
Société Française de Photographie, Paris.

Page 23 : Collection The Museum of Modern Art, New York, Gift of Virginia Cuthbert Elliott.

Pages 25, 129 : The J. Paul Getty Museum, Malibu, Californie.

Pages 27, 105 : Musée d'Orsay, Paris © Réunion des Musées Nationaux.

Pages 29, 49, 57, 71, 73, 137 : Bibliothèque nationale, Paris.

Page 33 : The Science Museum Library, Londres.

Page 35 : The Scottish National Portrait Gallery, Édimbourg.

Pages 42-43, 77 : Caisse Nationale des Monuments Historiques et des Sites, Paris © SPADEM 1989.

Page 47 : Institut de France, Paris.

Page 53 : Bibliothèque des Arts décoratifs, Paris.

Pages 65, 89, 131, 133, 135, 141 :
Royal Photographic Society, Bath.

Page 67 : Library of Congress, Washington.

Page 69 : The New York Public Library, New York.

Page 81 : Collection Sirot, Bibliothèque nationale, Paris.

Page 83 : The Metropolitan Museum, New York.

Page 91 : The Bristish Library, Londres.

Page 95 : Yale University Library, New Haven, Connecticut.

Page 97 : Stephen White Collection, Los Angeles.

Page 99 : California State Library, Sacramento.

Page 101 : Musée de l'Impression sur étoffes, Mulhouse.

Page 103 : Musée Carnavalet, Paris © Lauros-Giraudon.

Pages 107, 109 : Bibliothèque Historique de la Ville de Paris.

Page 117 : Bibliothèque du Museum d'Histoire naturelle, Paris.

Page 119 : Courtesy Amon Carter Museum, Fort Worth, Texas.

Page 127 : Princeton University Library, Princeton.

TABLE DES MATIÈRES

DANS LA MÊME COLLECTION

1. Nadar. Texte d'André Jammes / **2.** Henri Cartier-Bresson. Texte de Jean Clair / **3.** Jacques-Henri Lartigue. Texte de Jacques Damade / **4.** Amérique. Les Années Noires. F.S.A. 1935-1942. Texte de Charles Hagen / **5.** Robert Doisneau. Entretien avec Sylvain Roumette / **6.** Camera Work. Texte de Françoise Helbrun / **7.** W. Eugene Smith. Texte de William S. Johnson / **8.** J. Nicéphore Niepce. Choix de lettres et de documents / **9.** L'Amérique au fil des jours. Texte de Michel Deguy / **10.** Robert Frank. Texte de Robert Frank / **11.** Le Grand Œuvre. Texte de Jean Desjours / **12.** Duane Michals. Texte de Renaud Camus / **13.** Étienne-Jules Marey. Texte de Michel Frizot / **14.** Bruce Davidson. Texte de Bruce Davidson / **15.** Josef Koudelka. Texte de Bernard Cuau / **16.** Eugène Atget. Texte de Françoise Reynaud / **17.** André Kertész. Texte de Danièle Sallenave / **18.** L'Opéra de Paris. Texte de Bruno Foucart / **19.** Mario Giacomelli. Texte d'Alistair Crawford / **20.** William Klein. Texte de Christian Caujolle / **21.** Weegee. Texte d'André Laude / **22.** Autochromes. Texte de Sylvain Roumette / **23.** Alexandre Rodtchenko. Texte de Serge Lemoine / **24.** Le Nu. Texte de Bernard Noël / **25.** Werner Bischof. Texte de Claude Roy / **26.** Helmut Newton. Texte de Karl Lagerfeld / **27.** Du bon usage de la photographie. Une anthologie de textes / **28.** Brassaï. Texte de Roger Grenier / **29.** Lee Friedlander. Texte de Loïc Malle / **30.** Le Temps des pionniers. Texte de Jean-Claude Gautrand / **31.** Photomontages. Texte de Michel Frizot / **32.** Édouard Boubat. Texte de Bernard George / **33.** Man Ray. Texte de Merry A. Foresta / **34.** La photographie britannique. Texte de Mark Haworth-Booth / **35.** Elliot Erwitt. Texte d'Elliot Erwitt / **36.** Robert Capa. Texte de Jean Lacouture / **37.** Marc Riboud. Texte de Marc Riboud / **38.** De la photographie comme un des beaux-arts. Texte d'Alain Sayag / **39.** Étranges Étrangers. Texte de Charles-Henri Favrod / **40.** Histoire de voir. De l'invention à l'art Photographique (1839-1880). Texte de Michel Frizot / **41.** Histoire de voir. Le médium des temps modernes (1880-1939). Texte de Michel Frizot / **42.** Histoire de voir. De l'instant à l'imaginaire (1930-1970). Texte de Michel Frizot / **43.** Edward S. Curtis. Texte de Serge Bramly / **44.** Josef Sudek. Texte de Anna Favora / **45.** Walker Evans. Texte de Gilles Mora / **46.** Willy Ronis. Texte de Bertrand Eveno / **47.** Images d'un autre monde. La photographie scientifique. Texte de Monique Sicard / **48.** Norbert Ghisoland. Texte d'André Balthazar / **49.** Joel-Peter Witkin. Texte de Eugenia Parry Janis / **50.** Lewis Hine. Texte de Naomi Rosenblum / **51.** Louis Faurer. Texte de Martin Harrison / **52.** Agustin V. Casasola. Texte de Alfredo Cruz-Ramirez / **53.** Don Mc Cullin. Texte de Don McCullin / **54.** Dieter Appelt. Texte de Michel Frizot / **55.** Sebastião Salgado. Texte de Christian Caujolle / **56.** Edward Steichen. Texte de William A. Ewing / **57.** Felice Beato. Texte de Hélène Bayou / **58.** L'Orientalisme. Texte de Mounira Khemir.

Cet ouvrage, le quarantième de la collection Photo Poche,
dirigée par Robert Delpire, a été réalisé
avec la collaboration de Françoise Sadoux, Françoise Bonnefoy,
Maurice Lecomte, Sittisack Viraphong et Annie Girard.

Deuxième édition

Achevé d'imprimer le 22 août 1994
sur les presses de l'Imprimerie Union à Maisons-Alfort.